रामायण : सुंदर काण्ड

विवेक कुमार पांडे शंभुनाथ

ISBN 979-888569048-5

Disclaimer : During Writing This Book No character & No religious , No Relation Members Are Harmed. It's Only For Study & Entertainment Purpose. Do Not Take Seriously. Short Biopic Written In This Book Written By Mr Vivek Kumar Pandey.

DO YOU KNOW SECRET OF THIS AUTHOR ?

Mr Vivek Kumar Pandey Also Written Bollywood Hit Film & Backstage Writer Of Film Golmaal Again,Bhuj,Laxmii.

क्रम-सूची

प्रस्तावना vii

भूमिका ix

1. पाठ : 1 हनुमान का सागर पार करना - सुन्दरकाण्ड 1
2. पाठ : 2 हनुमान जी का लंका में प्रवेश - सुन्दरकाण्ड 4
3. पाठ : 3 लंका में सीता की खोज - सुन्दरकाण्ड 6
4. पाठ : 4 हनुमान जी अशोकवाटिका में - सुन्दरकाण्ड 8
5. पाठ : 5 रावण -सीता संवाद - सुन्दरकाण्ड 11
6. पाठ : 6 रावण -सीता संवाद 2 - सुन्दरकाण्ड 14
7. पाठ : 7 जानकी राक्षसी घेरे में - सुन्दरकाण्ड 16
8. पाठ : 8 हनुमान सीता भेंट - सुन्दरकाण्ड 19
9. पाठ : 9 हनुमान का सीता को मुद्रिका देना - सुन्दरकाण्ड 22
10. पाठ : 10 हनुमान का सीता को धैर्य बँधाना - सुन्दरकाण्ड 24
11. पाठ : 11 हनुमान का विशाल रूप - सुन्दरकाण्ड 27
12. पाठ : 12 हनुमान राक्षस युद्ध - सुन्दरकाण्ड 29
13. पाठ : 13 मेधनाद हनुमान युद्ध - सुन्दरकाण्ड 32
14. पाठ : 14 रावण के दरबार में - सुन्दरकाण्ड 34
15. पाठ : 15 लंका दहन - सुन्दरकाण्ड 37
16. पाठ :16 सीता का संदेश देना - सुन्दरकाण्ड 39

प्रस्तावना

इस किताब में रामायण : सुंदर काण्ड के बारे में लिखा गया है जब हनुमान सागर पार करके लंका में प्रवेश करते हैं.। इस किताब को लिखने के दौरान कोई भी धर्म और कोई भी व्यक्ति को नुकसान नहीं पहुंचाया गया है ओर इस किताब को लिखा है श्री विवेक कुमार पांडे शंभुनाथ जी ने.। उन्होंने 12 साल की उम्र में 250+ से ज्यादा किताबें लिखकर इतिहास रच दिया. उनको Youngest Writer Award से भी सम्मानित किया गया.

भूमिका

Author biography in English :MY NAME IS VIVEK KUMAR PANDEY . I WAS BORN IN 30 SEP 2002,I AM FROM SURAT GUJARAT INDIA.MY DREAM WAS TO BE GOOD WRITERS ,MY FAMILY SUPPORTED ME TO SUCCESSFUL AND I CAN DO IT MY SELF.How do I write? That is a question, I believe, that can be honestly answered by me."CELEBRATING YOUNGEST WRITER AWARD WINNER IN GUJARAT 1ST RANK" MR PANDEY JI . I may think I did a good job writing something . The reader is the one who decides the quality of my writing. I do find writing to be natural to me and therefore find it to be a real challenge. My trick as a challenged writer is to do the best I can and know that I am happy with the final outcome. It may take a while to do my best and there may be quite a few problems I run into along the way.

I am not a greedy person those who are thinking about me and my self I never tried it anyone people suffering from sadness ,I trying to get promoted people suffering from happiness and joy in your Life Time. Now in current situation in India and also world people are unemployed and have no many but our indian governor help to people to get free food from ration card , i also take part in leadership team ,i am Motivational speaker , Film script writer. There was my two dream firstly writer and secondly actor & also my own film is upcoming soon i done almost completely completed script for my film .I AM GOING TO SAY WORD OF HEART TOUCH OUT PLEASE READ IT" , firstly i thanks my father he supports me in this field they always getting inspired me by own his words and behavior ,they always said that he was a biggest person in the world in future and also they purchase fruit and chocolate for me in anytime & anyway , firstly my father buy him then call me Vivek you want a chocolate i will say yes papa but how many tell me ,papa: you tell me how much i buy him i told 1 or 2 chocolate but my father purchase whole the boxes of chocolate and they get suprised me. MY FATHER WAS BORN IN " 20 SEPTEMBER" 1971 IN INDIA.

1) MY FATHER FAVORITE CLOTHES IS KURTA PAIJMA AND ALSO STYLES SHOE

2) FAVORITE SINGER IS KISHORE DA

3) FAVORITE STATE GUJARAT AND KOLKATA , HIS VILLAGE IN BIHAR

4) FAVORITE COLOR BLACK AND WHITE

THEY ALSO LOVE cricket like IPL and one day t-20 .they also like watching a News daily and heard the song daily ,they also interested in tik tok video but in current time tik tok is banned in india but also few videos are in you tube. In lockdown time my family and me very enjoy day daily. my father play daily ludo with his sister and son, daughter.they always loved tea and coffee anytime call me "। विवेक थोड़ा चाय बनाओना विवेक तुम्हारे हाथ का चाय अच्छा लगता है". I make it tea for my father but some reason after the April to june they are suffering from fever and cough , weakness on 6 June 2020 my father death. they not told me say bye bye his life. After death of 6 June on 10 june my mom and dad anniversary.but my father is Best in the world they can do anything for me please take care of father and respect it of your parents.

1

पाठ : 1 हनुमान का सागर पार करना - सुन्दरकाण्ड

- पाठ : 1 हनुमान का सागर पार करना - सुन्दरकाण्ड

बड़े बड़े गजराजों से भरे हुए महेन्द्र पर्वत के समतल प्रदेश में खड़े हुए हनुमान जी वहाँ जलाशय में स्थित हुए विशालकाय हाथी के समान जान पड़ते थे। सूर्य, इन्द्र, पवन, ब्रह्मा आदि देवों को प्रणाम कर हनुमान जी ने समुद्र लंघन का दृढ़ निश्चय कर लिया और अपने शरीर को असीमित रूप से बढ़ा लिया। उस समय वे अग्नि के समान जान पड़ते थे।

उन्होंने अपने साथी वानरों से कहा, हे मित्रों! जैसे श्री रामचन्द्र जी का छोड़ा हुआ बाण वायुवेग से चलता है वैसे ही तीव्र गति से मैं लंका में जाऊँगा और वहाँ पहुँच कर सीता जी की खोज करूँगा। यदि वहाँ भी उनका पता न चला तो रावण को बाँध कर रामचन्द्र जी के चरणों में लाकर पटक दूँगा। आप विश्वास रखें कि मैं सर्वथा कृतकृत्य होकर ही सीता के साथ लौटूँगा अन्यथा रावण सहित लंकापुर को ही उखाड़ कर लाऊँगा।

इतना कह कर हनुमान आकाश में उछले और अत्यन्त तीव्र गति से लंका की ओर चले। उनके उड़ते ही उनके झटके से साल आदि अनेक वृक्ष पृथ्वी से उखड़ गये और वे भी उनके साथ उड़ने लगे। फिर थोड़ी दूर तक उड़ने के पश्चात् वे वृक्ष एक-एक कर के समुद्र में गिरने लगे। वृक्षों से पृथक हो कर सागर में गिरने वाले नाना प्रकार के पुष्प ऐसे प्रतीत हो रहे थे मानो शरद ऋतु के नक्षत्र जल की लहरों के साथ अठखेलियाँ कर रहे हों। तीव्र गति से उड़ते हुए महाकपि पवनसुत ऐसे प्रतीत हो रहे थे जैसे कि वे महासागर एवं अनन्त आकाश का आचमन करते हुये उड़े जा रहे हैं। तेज से जाज्वल्यमान उनके नेत्र हिमालय पर्वत पर लगे हुये दो दावानलों का भ्रम उत्पन्न करते थे। कुछ दर्शकों को ऐसा लग रहा था कि आकाश में तेजस्वी सूर्य और चन्द्र दोनों एक साथ जलनिधि को प्रकाशित कर रहे हों। उनका लाल कटि प्रदेश पर्वत के वक्षस्थल पर किसी गेरू के खान का भ्रम पैदा कर रहा था। हनुमान के बगल

से जो तेज आँधी भारी स्वर करती हुई निकली थी वह घनघोर वर्षाकाल की मेघों की गर्जना सी प्रतीत होती थी। आकाश में उड़ते हये उनके विशाल शरीर का प्रतिबम्ब समुद्र पर पड़ता था तो वह उसकी लहरों के साथ मिल कर ऐसा भ्रम उत्पन्न करता था जैसे सागर के वक्ष पर कोई नौका तैरती चली जा रही हो। इस प्रकार हनुमान निरन्तर आकाश मार्ग से लंका की ओर बढ़े जा रहे थे।

हनुमान के अद्भुत बल और पराक्रम की परीक्षा करने के लिये देवता, गन्धर्व, सिद्ध और महर्षियों ने नागमाता सुरसा के पास जा कर कहा, हे नागमाता! तुम जा कर वायुपुत्र हनुमान की यात्रा में विघ्न डाल कर उनकी परीक्षा लो कि वे लंका में जा कर रामचन्द्र का कार्य सफलता पूर्वक कर पायेंगे या नहीं। ऋषियों के मर्म को समझ कर सुरसा विशालकाय राक्षसनी का रूप धारण कर के समुद्र के मध्य में जा कर खड़ी हो गई और उसने अपने रूप को अत्यन्त विकृत बना लिया। हनुमान को अपने सम्मुख पा कर वह बोली, आज मैं तुम्हें अपना आहार बना कर अपनी क्षुधा को शान्त करूँगी। मैं चाहती हूँ, तुम स्वयं मेरे मुख में प्रवेश करो ताकि मुझे तुम्हें खाने के लिये प्रयत्न न करना पड़े। सुरसा के शब्दों को सुन कर हनुमान बोले, तुम्हारी इच्छा पूरी करने में मुझे कोई आपत्ति नहीं है, किन्तु इस समय मैं अयोध्या के राजकुमार रामचन्द्र जी के कार्य से जा रहा हूँ। उनकी पत्नी को रावण चुरा कर लंका ले गया है। मैं उनकी खोज करने के लिये जा रहा हूँ तुम भी राम के राज्य में रहती हो, इसलिये इस कार्य में मेरी सहायता करना तुम्हारा कर्तव्य है। लंका से मैं जब अपना कार्य सिद्ध कर के लौटूँगा, तब अवश्य तुम्हारे मुख में प्रवेश करूँगा। यह मैं तुम्हें वचन देता हूँ।

हनुमान की प्रतिज्ञा पर ध्यान न देते हुये सुरसा बोली, जब तक तुम मेरे मुख में प्रवेश न करोगे, मैं तुम्हारे मार्ग से नहीं हटूँगी। यह सुन कर हनुमान बोले, अच्छा तुम अपने मुख को अधिक से अधिक खोल कर मुझे निगल लो। मैं तुम्हारे मुख में प्रवेश करने को तैयार हूँ। यह कह कर महाबली हनुमान ने योगशक्ति से अपने शरीर का आकार बढ़ा कर चालीस कोस का कर लिया। सुरसा भी अपूर्व शक्तियों से सम्पन्न थी। उसने तत्काल अपना मुख अस्सी कोस तक फैला लियाा हनुमान ने अपना शरीर एक अँगूठे के समान छोटा कर लिया और तत्काल उसके मुख में घुस कर बाहर निकल आये। फिर बोले, अच्छा सुरसा, तुम्हारी इच्छा पूरी हुई अब मैं जाता हूँ। प्रणाम! इतना कह कर हनुमान आकाश में उड़ गये।

पवनसुत थोड़ी ही दूर गये थे कि सिंहिका नामक राक्षसनी की उन पर दृष्टि पड़ी। वह हनुमान को खाने के लिये लालयित हो उठी। वह छाया ग्रहण विद्या में पारंगत थी। जिस किसी प्राणी की छाया पकड़ लेती थी, वह उसके बन्धन में बँधा चला आता था। जब उसने हनुमान की छाया को पकड़ लिया तो हनुमान की गति अवरुद्ध हो गई। उन्होंने आश्चर्य से सिंहिका की ओर देखा। वे समझ गये, सुग्रीव ने जिस अद्भुत छायाग्राही प्राणी की बात कही थे, सम्भवतः यह वही है। यह सोच कर उन्होंने योगबल से अपने शरीर का विस्तार मेघ के समान अत्यन्त विशाल कर लिया। सिंहिंका ने भी अपना मुख तत्काल आकाश से पाताल तक फैला लिया और गरजती हई उनकी ओर दौड़ी। यह देख कर हनुमान अत्यन्त लघु रूप

धारण करके उसके मुख में जा गिरे और अपने तीक्ष्ण नाखूनों से उसके मर्मस्थलों को फाड़ डाला।

इसके पश्चात् बड़ी फुर्ती से बाहर निकल कर आकाश की ओर उड़ चले। राक्षसनी क्षत-विक्षत हो कर समुद्र में गिर पड़ी और मर गई।

2

पाठ : 2 हनुमान जी का लंका में प्रवेश - सुन्दरकाण्ड

- पाठ : 2 हनुमान जी का लंका में प्रवेश - सुन्दरकाण्ड

चार सौ योजन अलंघनीय समुद्र को लाँघ कर महाबली हनुमान जी त्रिकूट नामक पर्वत के शिखर पर स्वस्थ भाव से खड़े हो गये। कपिश्रेष्ठ ने वहाँ सरल (चीड़), कनेर, खिले हुए खजूर, प्रियाल (चिरौंजी), मुचुलिन्द (जम्बीरी नीबू), कुटज, केतक (केवड़े), सुगन्धपूर्ण प्रियंगु (पिप्पली), नीप (कदम्ब या अशोक), छितवन, असन, कोविदार तथा खिले हुए करवीर भी देखे। फूलों के भार से लदे हुए तथा मुकुलित (अधखिले), बहुत से वृक्ष भी उन्हें दृष्टिगोचर हुए जिनकी डालियाँ झूम रही थीं और जिन पर नाना प्रकार के पक्षी कलरव कर रहे थे।

हनुमान जी धीरे धीरे अद्भुत शोभा से सम्पन्न रावणपालित लंकापुरी के पास पहुँचे। उन्होंने देखा, लंका के चारों ओर कमलों से सुशोभित जलपूरित खाई खुदी हुई है। वह महापुरी सोने की चहारदीवारी से घिरी हुई हैं। श्वेत रंग की ऊँची ऊँची सड़कें उस पुरी को सब ओर से घेरे हुए थीं। सैकड़ों गगनचुम्बी अट्टालिकाएँ ध्वजा-पताका फहराती हुई उस नगरी की शोभा बढ़ा रही हैं।

उस पुरी के उत्तर द्वार पर पहुँच कर वानरवीर हुनमान जी चिन्ता में पड़ गये। लंकापुरी भयानक राक्षसों से उसी प्रकार भरी हुई थी जैसे कि पाताल की भोगवतीपुरी नागों से भरी रहती है। हाथों में शूल और पट्टिश लिये बड़ी बड़ी दाढ़ों वाले बहुत से शूरवीर घोर राक्षस लंकापुरी की रक्षा कर रहे थे। नगर की इस भारी सुरक्षा, उसके चारों ओर समुद्र की खाई और रावण जैसे भयंकर शत्रु को देखकर हनुमान जी विचार करने लगे कि यदि वानर वहाँ तक

आ जागें तो भी वे व्यर्थ ही सिद्ध होंगे क्योंकि युद्ध द्वारा देवता भी लंका पर विजय नहीं पा सकते। रावणपालित इस दुर्गम और विषम (संकटपूर्ण) लंका में महाबाहु रामचन्द्र आ भी जायें तो क्या कर पायेंगे? राक्षसों पर साम, दान और भेद की नीति का प्रयोग असम्भव दृष्टिगत हो रहा है। यहाँ तो केवल चार वेगशाली वानरों अर्थात् बालिपुत्र अंगद, नील, मेरी और बुद्धिमान राजा सुग्रीव की ही पहुँच हो सकती है। अच्छा पहले यह तो पता लगाऊँ कि विदेहकुमारी सीता जीवित भी है या नहीं? जनककिशोरी का दर्शन करने के पश्चात् ही मैं इस विषय में कोई विचार करूँगा।

उन्होंने सोचा कि मैं इस रूप से राक्षसों की इस नगरी में प्रवेश नहीं कर सकता क्योंकि बहुत से क्रूर और बलवान राक्षस इसकी रक्षा कर रहे हैं। जानकी की खोज करते समय मुझे स्वयं को इन महातेजस्वी, महापराक्रमी और बलवान राक्षसों से गुप्त रखना होगा। अतः मुझे रात्रि के समय ही नगर में प्रवेश करना चाहिये और सीता का अन्वेषण का यह समयोचित कार्य करने के लिये ऐसे रूप का आश्रय लेना चाहिये जो आँख से देखा न जा सके, मात्र कार्य से ही यह अनुमान हो कि कोई आया था।

देवताओं और असुरों के लिये भी दुर्जय लंकापुरी को देखकर हनुमान जी बारम्बार लम्बी साँस खींचते हुये विचार करने लगे कि किस उपाय से काम लूँ जिसमें दुरात्मा राक्षसराज रावण की दृष्टि से ओझल रहकर मैं मिथिलेशनन्दिनी जनककिशोरी सीता का दर्शन प्राप्त कर सकूँ। अविवेकपूर्ण कार्य करनेवाले दूत के कारण बने बनाये काम भी बिगड़ जाते हैं। यदि राक्षसों ने मुझे देख लिया तो रावण का अनर्थ चाहने वाले श्री राम का यह कार्य सफल न हो सकेगा। अतः अपने कार्य की सिद्धि के लिये रात में अपने इसी रूप में छोटा सा शरीर धारण करके लंका में प्रवेश करूँगा और घरों में घुसकर जानकी जी की खोज करूँगा।

ऐसा निश्चय करके वीर वानर हनुमान सूर्यास्त की प्रतीक्षा करने लगे। सूर्यास्त हो जाने पर रात के समय उन्होंने अपने शरीर को छोटा बना लिया और उछलकर उस रमणीय लंकापुरी में प्रवेश कर गये।

3

पाठ : 3 लंका में सीता की खोज - सुन्दरकाण्ड

- पाठ : 3 लंका में सीता की खोज - सुन्दरकाण्ड

इस प्रकार से सुग्रीव का हित करने वाले कपिराज हनुमान जी ने लंकापुरी में प्रवेश कर मानो शत्रुओं के सिर पर अपना बायाँ पैर रख दिया। वे राजमार्ग का आश्रय ले उस रमणीय लंकापुरी की और चले। वहाँ पर स्वर्ण निर्मित विशाल भवनों में दीपक जगमगा रहे थे। कहीं नृत्य हो रहा था और कहीं सुरा पी कर मस्त हुये राक्षस अनर्गल प्रलाप कर रहे थे। हनुमान जी ने देखा कि बहुत से राक्षस मन्त्रों का जाप करते हुए स्वाध्याय में तत्पर थे। कोई जटा बढ़ाये तो कोई मूड़ मुड़ाये रावण के अनेक गुप्तचर भी उन्हें दृष्टिगत हुए।

हनुमान जी ने नगर के सब भवनों तथा एकान्त स्थानों को छान डाला, परन्तु कहीं सीता दिखाई नहीं दीं। अन्त में उन्होंने सब ओर से निराश हो कर रावण के उस राजप्रासाद में प्रवेश किया जिसमें लंका के मन्त्री, सचिव एवं प्रमुख सभासद निवास करते थे। उन सब का भली-भाँति निरीक्षण करने के पश्चात् वे रावण के अत्यन्त प्रिय बृहत्शाला की ओर चले। वहाँ की सीढ़ियाँ रत्नजटित थीं। स्वर्ण निर्मित वातायन दीपों के प्रकाश से जगमगा रही थीं। स्थान-स्थान पर हाथी दाँत का काम किया हुआ था। छतें और स्तम्भ मणियों तथा रत्नों से जड़े हुये थे।

इन्द्र के भवन से भी अधिक सुसज्जित इस भव्य शाला को देख कर हनुमान चकित रह गये। उन्होंने एक ओर स्फटिक के सुन्दर पलंग पर रावण को हुए मदिरा के मद में पड़े देखा जो कि अनिंद्य सुन्दरियों से घिरे हए था। उसके नेत्र अर्द्धनिमीलित हो रहे थे। अनेक रमणियों के वस्त्राभूषण अस्त-व्यस्त हो रहे थे और वे सुरा के प्रभाव से अछूती भी नहीं थीं। वहाँ भी सीता को न पा कर पवनसुत बाहर निकल आये।

फिर हनुमान जी ने रावण के अन्य निकट सम्बंधियों के निवास स्थानों में सीता की खोज की किन्तु वहाँ भी उन्हें असफलता ही मिली। तत्पश्चात् हनुमान ने रावण की पटरानी मन्दोदरी के भवन में प्रवेश किया। अपने शयनागार में मन्दोदरी एक स्फटिक से श्वेत पलंग पर सो रही थी। उसके शय्या के चारों ओर रंग-बिरंगी सुवासित पुष्पमालायें झूल रही थीं। उसके अद्‌भुत रूप, लावण्य, सौन्दर्य एवं यौवन को देख कर हनुमान के मन में विचार आया, सम्भवतः यही जनकनन्दिनी सीता हैं, परन्तु उसी क्षण उनके मन में एक और विचार उठा कि ये सीता नहीं हो सकतीं क्योंकि रामचन्द्र जी के वियोग में पतिव्रता सीता न तो सो सकती हैं और न इस प्रकार आभूषण आदि पहन कर श्रृंगार ही कर सकती हैं। अतएव यह स्त्री अनुपम लावण्यमयी होते हुये भी सीता कदापि नहीं है। यह सोच कर वे उदास हो गये और मन्दोदरी के कक्ष से बाहर निक आये।

अकस्मात् वे सोचने लगे कि आज मैंने पराई स्त्रियों को अस्त-व्यस्त वेष में सोते हुये देख कर भारी पाप किया है। वे इस पर पश्चाताप करने लगे। फिर यह विचार कर उन्होंने अपने मन को शान्ति दी कि उन्हें देख कर मेरे मन में कोई विकार उत्पन्न नहीं हुआ इसलिये यह पाप नहीं है। फिर जिस उद्‌देश्य के लिये मुझे भेजा गया है, उसकी पूर्ति के लिये मुझे अनिवार्य रूप से स्त्रियों का अवलोकन करना पड़ेगा। इसके बिना मैं अपना कार्य कैसे पूरा कर सकूँगा। फिर वे सोचने लगे मुझे सीता जी कहीं नहीं मिलीं। रावण ने उन्हें मार तो नहीं डाला? यदि ऐसा है तो मेरा सारा परिश्रम व्यर्थ गया।

नहीं, मुझे यह नहीं सोचना चाहिये। जब तक मैं लंका का कोना-कोना न छान मारूँ, तब तक मुझे निराश नहीं होना चाहिये। यह सोच कर अब उन्होंने ऐसे-ऐसे स्थानों की खोज आरम्भ की, जहाँ तनिक भी असावधानी उन्हें यमलोक तक पहुँचा सकती थी। उन स्थानों में उन्होंने रावण द्‌वारा हरी गई अनुपम सुन्दर नागकन्याओं एवं किन्नरियों को भी देखा, परन्तु सीता कहीं नहीं मिलीं। सब ओर से निराश हो कर उन्होंने सोचा, मैं बिना सीता जी का समाचार लिये लौट कर किसी को मुख नहीं दिखा सकता। इसलिये यहीं रह कर उनकी खोज करता रहूँगा, अथवा अपने प्राण दे दूँगा। यह सोच कर भी उन्होंने सीता को खोजने का कार्य बन्द नहीं किया।

4

पाठ : 4 हनुमान जी अशोकवाटिका में - सुन्दरकाण्ड

- पाठ : 4 हनुमान जी अशोकवाटिका में - सुन्दरकाण्ड

हनुमान जी सीता की खोज के अपने निश्चय पर अडिग हो गये। उन्होंने प्रण कर लिया कि जब तक मैं यशस्विनी श्री रामपत्नी सीता का दर्शन न कर लूँगा तब तक इस लंकापुरी में बारम्बार उनकी खोज करता ही रहूँगा। इधर यह अशोकवाटिका दृष्टिगत हो रही है जिसके भीतर अनेक विशाल वृक्ष हैं। इस वाटिका में मैंने अभी तक अनुसंधान नहीं किया है अतः अब इसी में चलकर जनककुमारी वैदेही को ढूँढना चाहिये।

वह अशोकवाटिका चारों ओर से ऊँचे परकोटों से घिरी हुई थी। अतः वाटिका के भीतर जाने के उद्देश्य से हनुमान जी उसकी चहारदीवारी पर चढ़ गये। चहारदीवारी पर बैठे हुए उन्होंने देखा कि वहाँ साल, अशोक, निम्ब और चम्पा के वृक्ष भली-भाँति खिले हुए थे। बहुवार, नागकेसर और बन्दर के मुँह की भाँति लाल फल देने वाले आम भी पुष्प मञ्जरियों से सुशोभित हो रहे थे। अमराइयों से युक्त वे सभी वृक्ष शत-शत लताओं से आवेष्टित हो रहे थे। हनुमान जी प्रत्यञ्चा से छूटे हुए बाण के समान उछले और उन वृक्षों की वाटिका में जा पहुँचे।

वह विचित्र वाटिका स्वर्ण और रजत के समान वर्ण वाले वृक्षों द्वारा सब ओर से घिरी हुई थी और नाना प्रकार के पक्षियों के कलरव से गुंजायमान हो रही थी। भाँति-भाँति के विहंगमों और मृगसमूहों से उसकी विचित्र शोभा हो रही थी। वह विचित्र काननों से अलंकृत थी और नवोदित सूर्य के समान अरुण रंग की दिखाई देती थी। फूलों और फलों से लदे हुए नाना प्रकार के वृक्षों से व्याप्त हुई उस अशोकवाटिका का मतवाले कोकिल और भ्रमर सेवन करते

थे। मृग और द्विजगण (पक्षी) मदमत्त हो उठते थे। मतवाले मोरों का कलनाद वहाँ निरन्तर गूँजता रहता था। वाटिका में जहाँ-तहाँ विभिन्न आकारों वाली बावड़ियाँ थीं जो उत्तम जल और मणिमय सोपानों से युक्त थीं। जल के नीचे की फर्श स्फटिक मणि की बनी हुई थी और बावड़ियों के तटों पर तरह-तरह के विचित्र सुवर्णमय वृक्ष शोभा दे रहे थे। उनमें खिले हुए कमलों के वन, चक्रवाकों के जोड़े, पपीहा, हंस और सारस वहाँ की शोभा बढ़ा रहे थे। उस अशोकवाटिका में विश्वकर्मा के बनाये हुए बड़े-बड़े महल और कृत्रम कानन सब ओर से उसकी शोभा बढ़ा रहे थे।

तदन्तर महाकपि हनुमान ने एक सुवर्णमयी शिंशपा (अशोक) वृक्ष देखा जो बहुत से लतावितानों और अगणित पत्तों से व्याप्त था तथा सब ओर से सुवर्णमयी वेदिकाओं से घिरा था। महान वेगशाली हनुमान जी उस अशोक वृक्ष पर यह सोचकर चढ़ गये कि मैं यहीं से श्री रामचन्द्र जी के दर्शन के लिये उत्सुक हुई विदेहनन्दिनी सीता को देखूँगा जो दुःख से आतुर हो इच्छानुसार इधर-उधर आती होंगीं। यह प्रातःकाल की सन्ध्योपासना का समय है और सन्ध्याकालिक उपासना के लिये वैदेही अवश्य ही यहाँ पर पधारेंगी। ऐसा सोचते हुए महात्मा हनुमान जी नरेन्द्रपत्नी सीता के शुभागमन की प्रतीक्षा में तत्पर हो उस अशोकवृक्ष पर छिपे रहकर उस सम्पूर्ण वन पर दृष्टिपात करते रहे।

उस अशोकवाटिका में वानर-शिरोमणि हनुमान ने थोड़ी ही दूर पर एक गोलाकार ऊँचा एक हजार खंभों वाला गोलाकार प्रासाद देखा जो कैलास पर्वत के समान श्वेत वर्ण का था। उसमें मूँगे की सीढ़ियाँ बनीं थीं तथा तपाये हुए सोने की वेदियाँ बनायी गयी थीं। उनकी दृष्टि वहाँ एक सुन्दरी स्त्री पर पड़ी जो मलिन वस्त्र धारण किये राक्षसियों से घिरी हुई बैठी थी। अलंकारशून्य होने के कारण वह कमलों से रहित पुष्करिणी के समान श्रीहीन दिखाई देती थी। वह शोक से पीड़ित, दुःख से संतप्त और सर्वथा क्षीणकाय हो रही थी। उपवास से दुर्बल हुई उस दुखिया नारी के मुँह पर आँसुओं की धारा बह रही थी। वह शोक और चिन्ता में मग्न हो दीन दशा में पड़ी हुई थी एवं निरन्तर दुःख में ही डूबी रहती थी। काली नागिन के समान कटि से नीचे तक लटकी हुई एकमात्र काली वेणी द्वारा उपलक्षित होनेवाली वह नारी बादलों के हट जाने पर नीली वनश्रेणी से घिरी हुई पृथ्वी के समान प्रतीत होती थी।

हनुमान जी ने अनुमान किया कि हो-न-हो यही सीता है। इन्हीं के वियोग में दशरथनन्दन राम व्याकुल हो रहे हैं। यह तपस्विनी ही उनके हृदय में अक्षुण्ण रूप से निवास करती हैं। इन्हीं सीता को पुनः प्राप्त करने के लिये रामचन्द्र जी ने वालि का वध कर के सुग्रीव को उनका खोया हुआ राज्य दिलाया है। इन्हीं को खोज पाने के लिये मैंने विशाल सागर को पार कर के लंका के भवन अट्टालिकाओं की खाक छानी है। इस अद्भुत सुन्दरी को प्राप्त करने के लिये रघुनाथ जी सागर पर्वतों सहित यदि सम्पूर्ण धरातल को भी उलट दें तो भी कम है।

ऐसी पतिपरायणा साध्वी देवी के सम्मुख तीनों लोकों का राज्य और चौदह भुवन की सम्पदा भी तुच्छ है। आज यह महा पतिव्रता राक्षसराज रावण के पंजों में फँस कर असह्य

कष्ट भोग रही है। मुझे अब इस बात में तनिक भी सन्देह नहीं है कि यह वही सीता है जो अपने देवता तुल्य पति के प्रेम के कारण अयोध्या के सुख-वैभव का परित्याग कर के रामचन्द्र के साथ वन के कष्टों को हँस-हँस कर झेलने के लिये चली आई थीं और जिसे नाना प्रकार के दुःखों को उठा कर भी कभी वन में आने का पश्चाताप नहीं हुआ।

वही सीता आज इस राक्षसी घेरे में फँस कर अपने प्राणनाथ के वियोग में सूख-सूख कर काँटा हो गई हैं, किन्तु उन्होंने अपने सतीत्व पर किसी प्रकार की आँच नहीं आने दिया। इसमें सन्देह नहीं, यदि इन्होंने रावण के कुत्सित प्रस्ताव को स्वीकार कर लिया होता तो आज इनकी यह दशा नहीं होती। राम के प्रति इनके मन में कितना अटल स्नेह है, यह इसी बात से सिद्ध होता है कि ये न तो अशोकवाटिका की सुरम्य शोभा को निहार रही हैं और न इन्हें घेर कर बैठी हुई निशाचरियों को। उनकी एकटक दृष्टि पृथ्वी में राम की छवि को निहार रही हों।

सीता की यह दीन दशा देख कर भावुक पवनसुत के नेत्रों से अश्रुधारा प्रवाहित हो चली। वे सुध-बुध भूल कर निरन्तर आँसू बहाने लगे। कभी वे सीता जी की दीन दशा को देखते थे और कभी रामचन्द्र जी के उदास दुःखी मुखण्डल का स्मरण करते थे। इसी विचारधारा में डूबते-उतराते रात्रि का अवसान होने और प्राची का मुखमण्डल उषा की लालिमा से सुशोभित होने लगी। तभी हनुमान को ध्यान आया कि रात्रि समाप्तप्राय हो रही है। वे चैतन्य हो कर ऐसी युक्ति पर विचार करने लगे जिससे वे सीता से मिल कर उनसे वार्तालाप करके उन तक श्री रामचन्द्र जी का सन्देश पहुँचा सकें।

5

पाठ : 5 रावण -सीता संवाद - सुन्दरकाण्ड

- पाठ : 5 रावण -सीता संवाद - सुन्दरकाण्ड

इस प्रकार फूले हुए वृक्षों से सुशोभित उस वन की शोभा देखते और विदेहनन्दिनी का अनुसंधान करते हुए हनुमान जी की वह सारी रात प्रायः व्यतीत हो चली। रात्रि जब मात्र एक प्रहर बाकी रही तो रात के उस पिछले प्रहर में छहों अंगोंसहित सम्पूर्ण वेदों के विद्वान तथा श्रेष्ठ यज्ञों द्वारा यजन करने वाले ब्रह्म-राक्षसों के घर में वेदपाठ की ध्वनि होने लगी जिसे हनुमान जी ने सुना।

तदन्तर मंगल वाद्यों तथा श्रवण-सुखद शब्दों द्वारा महाबाहु दशमुख रावण को जगाया गया। जागने पर महाभागी एवं प्रतापी राक्षसराज रावण ने सबसे पहले विदेहनन्दिनी सीता का चिन्तन किया। सीता के प्रति आसक्त एवं काम से प्रेरित रावण ने सब प्रकार के आभूषण धारण कर तथा परम उत्तम शोभा से सम्पन्न हो अशोकवाटिका में प्रवेश किया। पुलस्त्यनन्दन रावण के पीछे-पीछे लगभग एक सौ सुन्दरियाँ भी थीं। काम के आधीन एवं मन में सीता की आस लगाये मन्दगति से आगे बढ़ता रावण अद्भुत शोभा पा रहा था। काम, दर्प और मद से युक्त अचिन्त्य बल-पौरुष से सम्पन्न रावण के अशोकवाटिका के द्वार तक पहुँचने पर कपिवर हुनमान जी ने उसे देखा। यद्यपि मतिमान् हनुमान जी अत्यन्त उग्रतेजस्वी थे, तथापि रावण के तेज से तिरस्कृत-से होकर सघन पत्तो में घुसकर छिप गये।

अनिंद्य सुन्दरी राजकुमारी सीता ने जब उत्तमोत्तम आभूषणों से विभूषित तथा रूप-यौवन से सम्पन्न राक्षसराज रावण को आते देखा तो वे प्रचण्ड हवा में हिलने वाली कदली के समान भय के मारे थर-थर काँपने लगीं। सुन्दर कान्ति वाली विशाललोचना जानकी ने अपने जंघाओं से पेट और दोनों भुजाओं से स्तन छिपा लिये और रुदन करने लगीं। निशाचरियों से घिरी आसन रहित भूमि पर शोक-विह्वल दीन सीता को रावण ने ध्यानपूर्वक

देखा जो दृष्टि नीची किये एकटक पृथ्वी की ओर देख रही थी।

ऐसी दुःखी जानकी के पास आकर लंकापति रावण हँसता हुआ बोले, हे मृगनयनी! मुझे देख कर तू अपने शरीर को छिपाने का प्रयत्न क्यों कर रही है। स्मरण रख, तेरी इच्छा के बिना मैं कदापि तेरा स्पर्श नहीं करूँगा। तू मुझ पर और मेरे कथन पर विश्वास रख और इस प्रकार दुःखी हो कर अश्रु मत बहा। तेरी यह मलिन, आभूषणरहित वेश-भूषा देख कर मुझे अत्यधिक पीड़ा होती है। तू संसार की सुन्दरियों में शिरोमणि है। अपने इस सौन्दर्य तथा यौवन को व्यर्थ नष्ट मत होने दे। यदि एक बार यह यौवन नष्ट हो गया तो फिर लौट कर नहीं आयेगा। मैं फिर कहता हूँ, तू विश्व की अनुपम सुन्दरी है विधाता की अद्वितीय सृष्टि है। तेरे निर्माण में ब्रहमा ने अपना सारा कौशल और चतुराई लगा दी। इसीलिये तेरी रचना में उसने किसी प्रकार की कोई कमी नहीं रखी है। तेरे किस-किस अंग की मैं सराहना करूँ।

जिस अंग पर दृष्टि पड़ती है, उसी पर अटक कर रह जाती है। मैं तुझे पूरे हृदय से अपनाना चाहता हूँ। मैं तेरे प्रत्येक अंग का रसास्वादन करना चाहता हूँ। इसी लिये तुझसे कहता हूँ, तू राम का मोह छोड़ दे। मैं तुझे अपनी पटरानी बनाऊँगा। मेरी सब रानियाँ तो तेरी चरणों की दासी बनेंगी ही, मैं भी तेरा दास बन कर रहूँगा। अपने भुजबल से अर्जित सम्पूर्ण सम्पत्ति तेरे चरणों में अर्पित कर दूँगा। जीते हुये समस्त राज्य तेरे पिता जनक को दे दूँगा। तू वास्तव में इतनी सुन्दर है कि तुझे देख कर तो तुझे बनाने वाला स्वयं विधाता कामवश हो जायेगा, मेरी तो बात ही क्या है? इसलिये तू मेरी बात स्वीकार कर ले। राम से भयभीत होने की आवश्यकता कोई नहीं है। संसार में कोई भी मुझसे लोहा नहीं ले सकता। चल, उठ कर खड़ी हो जा और सुन्दर वस्त्राभूषण धारण कर के मेरे साथ रमण कर।

हे कल्याणी! चल कर तू मेरे ऐश्वर्य को देख और उस कंगाल वनवासी को भूल जा। तू ही सोच, राम के पास न राज्य है, न धन है, न कोई दास है, न सेना है और न कोई साधन है। फिर यह भी क्या पता है कि वह अभी जीता है या मर गया। यदि जीवित भी हो तो भी न तो तू उसके पास पहुँच सकती है और न वह स्वयं ही यहाँ आ सकता है। अतएव चिन्ता का परित्याग कर के निश्चिन्त हो कर मेरे साथ रमण कर।

रावण के नीच वचनों को सुन कर मध्य में तृण रख कर जानकी बोलीं, हे लंकेश! तुम्हारे जैसे विद्वान के लिये यह उचित होगा कि तुम अपनी मर्यादाओं का उल्लंघन न करो और मुझसे अपना मन हटा कर अपनी रानियों से प्रेम करो। स्मरण रखो, पापी और नीच भावना रखने वाले पुरुषों को अपने उद्देश्य में कभी सफलता नहीं मिलती। मैं उत्तम कुल में जन्म लेने वाली पतिपरायणा पत्नी हूँ, तुम मुझे मेरे सतीत्व से कदापि विचलित नहीं कर सकते। अपने प्राण रहते मैं तुम्हारे नीचता से परिपूर्ण प्रस्ताव को किसी भी दशा में स्वीकार नहीं कर सकती। यदि तुममें तनिक भी न्याय-बुद्धि होती तो तुम अन्य स्त्रियों के धर्म की उसी प्रकार रक्षा करते जिस प्रकार अपनी रानियों के सतीत्व की करते हो।

क्या इस लंका में ऐसा कोई समझदार व्यक्ति नहीं है जो तुम्हें इस साधारण सी बात का बोध कराये? तुम तो नीतिवान बनते हो, फिर नीति का यह वाक्य कैसे भूल गये कि

जिस राजा की इन्द्रियाँ उसके वश में नहीं रहतीं, वह चाहे कितना ही ऐश्वर्यवान हो, अन्त में रसातल को जाता है, उसका सर्वस्व नष्ट हो जाता है। हे दुर्बुद्धि! तूने अभी तक मुझे पहचाना नहीं है। मैं तेरे ऐश्वर्य, राज्य, धन-सम्पत्ति के लोभ में नहीं फँस सकती। तेरा यह कहना भी एक व्यर्थ का प्रलाप है कि मैं रघुकुलमणि रामचन्द्र जी से नहीं मिल सकती। अरे मूर्ख! वे तो सदैव मेरे हृदय में निवास करते हैं।

मुझे कोई उनसे अलग नहीं कर सकता। मेरा उनका ऐसा अटूट सम्बंध है जैसा कि सूर्य का उसकी प्रभा से। इसलिये मैं उनकी हूँ और सदा ही उनकी रहूँगी। यदि तू सोच-समझ कर यह मान ले कि तूने मेरा अपहरण कर के एक भयंकर अपराध किया है और इसलिये मुझे लौटाते हुये तुझे भय लगता है तो मैं तुझे अभयदान देते हुये वचन देती हूँ कि तू मुझे उनके पास पहुँचा दे, मैं तुझे उनसे क्षमा करा दूँगी। यदि तुम अब भी अपनी हठ पर अड़े रहे तो विश्वास करो कि तुम्हारी मृत्य निश्चित है और तुम्हें उनके बाणों से कोई नहीं बचा सकता। इसलिये मैं फिर कहती हूँ कि सावधान हो जाओ। अपने साथ लंका और लंकावासियों का नाश मत करो। इसी में तुम्हारा और तुम्हारे राक्षसकुल का कल्याण है।

6

पाठ : 6 रावण -सीता संवाद 2 - सुन्दरकाण्ड

- पाठ : 6 रावण -सीता संवाद 2 - सुन्दरकाण्ड

सीता के ये कठोर वचन सुनकर राक्षसराज रावण ने उन प्रियदर्शना सीता को यह अप्रिय उत्तर दिया, लोक में पुरुष जैसे-जैसे अनुनय-विनय करता है, वैसे-वैसे ही वह उनका प्रिय होता जाता है किन्तु मैं तुमसे ज्यों-ज्यों मीठे वचन बोलता हूँ त्यों-त्यों तुम मेरा तिरस्कार करती जाती हो। तुम्हारे प्रति जो मेरा प्रेम उत्पन्न हो गया है, वही मेरे क्रोध को रोक रहा है। हे समुखि! यही कारण है कि वध और तिरस्कार के योग्य होने पर भी मैं तुम्हारा वध नहीं कर रहा हूँ। मिथिलेशकुमारी! तुम मुझसे जैसी कठोर बातें कह रही हो, उनके प्रतिकार में तुम्हें कठोर प्राणदण्ड देना ही उचित है। हे सुन्दरि! मैंने तुम्हारे लिये जो अवधि नियुक्त की है उसके अनुसार मुझे दो महीने और प्रतीक्षा करनी है। तत्पश्चात् तुम्हें मेरी शय्या पर आना ही होगा। स्मरण रखो यदि दो महीने बाद तुमने अपना पति स्वीकार नहीं करोगी तो मेरे रसोइये मेरे कलेवे के लिये तुम्हारे टुकड़े-टुकड़े कर डालेंगे।

राक्षसराज रावण के इन वचनों को सुनकर पातिव्रत्य और पति के शौर्य के अभिमान से परिपूर्ण सीता ने कहा, निश्चय ही इस नगर में तेरा भला चाहने वाला कोई भी ऐसा पुरुष नहीं है जो तुझे इस निन्दित कर्म से रोके। नीच राक्षस! तूने अमित तेजस्वी श्री राम की भार्या से जो पाप की बात कही है, उसके परिणामस्वरूप दण्ड से तू कहाँ जाकर छुटकारा पायेगा? मैं धर्मात्मा श्री राम की धर्मपत्नी और महाराज दशरथ की पुत्रवधू हूँ। दशमुख रावण! मेरा तेज ही तुझे भस्म कर डालने के लिये पर्याप्त है। केवल श्रीराम की आज्ञा न होने से और अपनी तपस्या को सुरक्षि रखने के विचार से मैं तुझे भस्म नहीं कर रही हूँ। निःसन्देह तेरे वध के लिये ही विधाता ने यह विधा रच दिया है। तू कितना वीर और पराक्रमी है इसका पता तो मुझे उसी दिन चल गया था, जब तेरे पास इतनी विशाल सेना, बल और तेज होते हुये भी तू

मुझे चोरों की भाँति मेरे पति की अनुपस्थिति में चुरा लाया था। क्या इससे तेरी कायरता का पता नहीं चलता।

सीता के मुख से ऐसे अप्रत्याशित एवं अपमानजनक वचन सुनकर रावण का सम्पूर्ण शरीर क्रोध से थर-थर काँपने लगा। उसके नेत्रों से अंगारे बरसाने लगे। वह दहाड़ता हुआ बोला, अन्यायी और निर्धन मनुष्य का अनुसरण करने वाली नारी! जैसे सूर्यदेव अपने तेज से प्रातःकालिक संध्या के अन्धकार को नष्ट कर देते हैं उसी प्रकार मैं तेरा तत्काल विनाश किये देता हूँ।

तत्पश्चात् रावण ने एकाक्षी (एक आँख वाली), एककर्णा (एक कान वाली), अश्वपदी (घोड़े के समान पैर वाली), सिंहमुखी (सिंह के समान मुख वाली) आदि विकराल दिखायी देनेवाली राक्षसियों को सम्बोधित करते हुए कहा, जिस प्रकार भी हो, सीता को मेरे वश में होने के लिये विवश करो। यदि वह प्रेम से न माने तो इसे मनचाहा दण्ड दो ताकि यह हाथ जोड़ कर गिड़गिड़ाती तुई मुझसे प्रार्थाना करे और मुझे अपना पति स्वीकार करे।

राक्षसियों को इस प्रकार आज्ञा देकर काम और क्रोध से व्याकुल हुआ राक्षसराज रावण सीता की ओर देखकर गर्जना करने लगा। रावण को अत्यन्त क्रोधित देखकर मन्दोदरी और धान्यमालिनी नाम की एक अन्य राक्षस-कन्या शीघ्र रावण के पास आयीं और उसका आलिंगन कर बोलीं, हे प्राणनाथ! आप इस कुरूप सीता के लिये क्यों इतने व्याकुल होते हैं? भला इसके फीके पतले अधरों, अनाकर्षक कान्ति और छोटे भद्दे आकार में क्या आकर्षण है? आप चल कर मेरे साथ विहार कीजिये। इस अभागी को मरने दीजिये। इसके ऐसे भाग्य कहाँ जो आप जैसे अपूर्व बलिष्ठ, अद्भुत पराक्रमी, तीनों लोकों के विजेता के साथ रमण-सुख प्राप्त कर सके। नाथ! जो स्त्री आपको नहीं चाहती, उसके पीछे उन्मत्त की भाँति दौड़ने से क्या लाभ? इससे तो व्यर्थ ही मन को दुःख होता है।

जब उन राक्षसियों ने ऐसा कहा और उसे दूसरी ओर हटा ले गयीं तो मेघ के समान काला और बलवान राक्षस रावण जोर-जोर से हँसता हुआ अपने भव्य प्रासाद की ओर चल पड़ा।

7

पाठ : 7 जानकी राक्षसी घेरे में - सुन्दरकाण्ड

- पाठ : 7 जानकी राक्षसी घेरे में - सुन्दरकाण्ड

राक्षसराज रावण के चले जाने के बार भयानक रूप वाली राक्षसियों ने सीता को घेर लिया और उन्हें अनेक प्रकार से डराने धमकाने लगीं। वे सीता की भर्त्सना करते हुए कहने लगीं, हे मूर्ख अभागिन! हे नीच नारी! तीनों लोकों और चौदह भुवनों को अपने पराक्रम से पराजित करने वाले परम तेजस्वी राक्षसराज की शैया प्रत्येक को नहीं मिलती। यह तो तुम्हारा परम सौभाग्य है कि स्वयं लंकापति तुम्हें अपनी अंकशायिनी बनाना चाहते हैं।

तनिक विचार कर देखो, कहाँ अगाध ऐश्वर्य, स्वर्णपुरी तथा अतुल सम्पत्ति का एकछत्र स्वामी और कहाँ वह राज्य से निकाला हुआ, कंगालों की भाँति वन-वन में भटकने वाला, हतभाग्य साधारण सा मनुष्य! सोच-समझ कर निर्णय करो और महाप्रतापी लंकाधिपति रावण को पति के रूप में स्वीकार करो। उसकी अद्र्धांगिनी बनने में ही तुम्हारा कल्याण है। अन्यथा राम के वियोग में तड़प-तड़प कर मरोगी या राक्षसराज के हाथों मारी जाओगी। तुम्हारा यह कोमल शरीर इस प्रकार नष्ट होने के लिये नहीं है। महाराज रावण के साथ विलास भवन में जा कर रमण करो। महाराज तुम्हें इतना विलासमय सुख देंगे जिसकी तुमने उस कंगाल वनवासी के साथ रहते कल्पना भी नहीं की होगी।

राक्षसियों की ये बातें सुनकर कमलनयनी सीता ने अश्रुपूर्ण नेत्रों से उनकी ओर देख कर कहा, तुम सब का यह लोक-विरुद्ध एवं पापपूर्ण प्रस्ताव मेरे हृदय में क्षणमात्र को भी ठहर नहीं पाता। एक मानवकन्या किसी राक्षस की भार्या नहीं हो सकती। तुम सब लोग भले ही मुझे खा जाओ किन्तु मैं तुम्हारी बात नहीं मान सकती। मेरे पति दीन हों अथवा राज्यहीन, वे ही मेरे स्वामी हैं और मैं सदा उन्हीं में अनुरक्त हूँ तथा आगे भी रहूँगी। जैसे सुवर्चला सूर्य में, महाभागा शची इन्द्र में, अरुन्धती महर्षि वसिष्ठ में, रोहिणि चन्द्र में, सुकन्या च्यवन में,

सावित्री सत्यवान में, श्रीमती कपिल में, मदयन्ती सौदास में, केशिनी सगर में और दमयन्ती नल में अनुराग रखती हैं वैसे ही मैं भी अपने पति इक्ष्वाकुवंशशिरोमणि श्री राम में अनुरक्त हूँ।

सीता के वचन सुन कर राक्षसियों के क्रोध की सीमा न रही। वे रावण की आज्ञानुसार कठोर वचनों द्वारा उन्हें धमकाने लगीं। अशोकवृक्ष में चुपचाप छिपे बैठे हुए हनुमान जी सीता को फटकारती हुई राक्षसियों की बाते सुनते रहे। वे सब राक्षसियाँ कुपित होकर काँपती हुई सीता पर चारों ओर से टूट पड़ीं। उनका क्रोध बहुत बढ़ा हुआ था। राक्षसियों के बारम्बार धमकाने पर सर्वांगसुन्दरी कल्याणी सीता अपने आँसू पोंछती हुई उसी अशोकवृक्ष के नीचे चली आईं जिस पर हनुमान जी छिपे बैठे थे। शोकसागर में डूबी हुई विशाललोचना वैदेही वहाँ चुपचाप बैठ गईं। वे अत्यन्त दीन व दुर्बल हो गई थीं तथा उनके वस्त्र मलिन हो चुके थे। विकराल राक्षसियाँ फिर उन्हें घेरकर तरह-तरह से धमकाने लगीं।

विकराल रूप वाली राक्षसियों के द्वारा इस प्रकार से धमकाये जाने पर देवकन्या के समान सुन्दरी सीता धैर्य छोड़ कर रोने लगीं। विलाप करते हुए वे कहने लगीं, हे भगवान! अब यह विपत्ति नहीं सही जाती। प्रभो! मुझे इस विपति से छुटकारा दिलाओ, या मुझे इस पृथ्वी से उठा लो। बड़े लोगों ने सच कहा है कि समय से पहले मृत्यु भी नहीं आती।

आज मेरी कैसी दयनीय दशा हो गई है। कहाँ अयोध्या का वह राजप्रासाद जहाँ मैं अपने परिजनों तथा पति के साथ अलौकिक सुख भोगती थे और कहाँ यह दुर्दिन जब मैं पति से विमु[illegible]क्त छल द्वारा हरी गई इन राक्षसों के फंदों में फँस कर निरीह हिरणी की भाँति दुःखी हो रही हूँ। आज अपने प्राणेश्वर के बिना मैं जल से निकाली गई मछली की भाँति तड़प रही हूँ। इतनी भायंकर वेदना सह कर भी मेरे प्राण नहीं निकल रहे हैं। आश्चर्य यह है कि मर्मान्तक पीड़ा सह कर भी मेरा हृदय टुकड़े-टुकड़े नहीं हो गया।

मुझ जैसी अभागिनी कौन होगी जो अपने प्राणाधिक प्रियतम से बिछुड़ कर भी अपने प्राणों को सँजोये बैठी है। अभी न जाने कौन-कौन से दुःख मेरे भाग्य में लिखे हैं। न जाने वह दुष्ट रावण मेरी कैसी दुर्गति करेगा। चाहे कुछ भी हो, मैं उस महापातकी को अपने बायें पैर से भी स्पर्श न करूँगी, उसके इंगित पर आत्म समर्पण करना तो दूर की बात है।

यह मेरा दुर्भाग्य ही है किस एक परमप्रतापी वीर की भार्या हो कर भी दुष्ट रावण के हाथों सताई जा रही हूँ और वे मेरी रक्षा करने के लिये अभी तक यहाँ नहीं पहुँचे। मेरा तो भाग्य ही उल्टा चल रहा है। यदि परोपकारी जटायुराज इस नीच के हाथों न मारे जाते तो वे अवश्य राघव को मेरा पता बता देते और वे आ कर रावण का विनाश करके मुझे इस भयानक यातना से मुक्ति दिलाते। परन्तु मेरा मन कह रहा है दि दुश्चरित्र रावण के पापों का घड़ा भरने वाला है। अब उसका अन्त अधिक दूर नहीं है। वह अवश्य ही मेरे पति के हाथों मारा जायेगा। उनके तीक्ष्ण बाण लंका को लम्पट राक्षसों के आधिपत्य से मुक्त करके अवश्य मेरा उद्धार करेंगे। किन्तु उनकी प्रतीक्षा करते-करते मुझे इतने दिन हो गये और वे अभी तक नहीं आये।

कहीं ऐसा तो नहीं है कि उन्होंने मुझे मरा हुआ समझ लिया हो और इसलिये अब वे मेरी खोज खबर ही न ले रहे हों। यह भी तो हो सकता है कि दुष्ट मायावी रावण ने जिस प्रकार छल से मेरा हरण किया, उसी प्रकार उसने छल से उन दोनों भाइयों का वध कर डाला हो। उस दुष्ट के लिये कोई भी नीच कार्य अकरणीय नहीं है। दोनों दशाओं में मेरे जीवित रहने का प्रयोजन नहीं है।

यदि उन्होंने मुझे मरा हुआ समझ लिया है या इस दुष्ट ने उन दोनों का वध कर दिया है तो भी मेरा और उनका मिलन जअब असम्भव हो गया है। जब मैं अपने प्राणेश्वर से नहीं मिल सकती तो मेरा जीवित रहना व्यर्थ है। मैं अभी इसी समय अपने प्राणों का उत्सर्ग करूँगी।

सीता के इन निराशा भरे वचनों को सुन कर पवनपुत्र हनुमान अपने मन में विचार करने लगे कि अब इस बात में कोई सन्देह नहीं है कि यह ही जनकनन्दिनी जानकी हैं जो अपने पति के वियोग में व्यकुल हो रही हैं। यही वह समय है, जब इन्हें धैर्य की सबसे अधिक आवश्यकता है।

8

पाठ : 8 हनुमान सीता भेंट - सुन्दरकाण्ड

- पाठ : 8 हनुमान सीता भेंट - सुन्दरकाण्ड

पराक्रमी हनुमान जी विचार करने लगे कि सीता का अनुसंधान करते करते मैंने गुप्तरूप से शत्रु की शक्ति का पता लगा लिया है तथा राक्षसराज रावण के प्रभाव का भी निरीक्षण भी कर लिया है। जिन सीता जी को हजारों-लाखों वानर समस्त दिशाओं में ढूँढ रहे हैं, आज उन्हें मैंने पा लिया है। ये शोक के कारण व्याकुल हो रही हैं अतः इन्हें सान्त्वना देना उचित है। परन्तु राक्षसियों की उपस्थिति में इनसे बात करना मेरे लिये ठीक नहीं होगा। अब मेरे समक्ष समस्या यह है कि मैं अपने इस कार्य को कैसे सम्पन्न करूँ।

यदि रात्रि के व्यतीत होते होते मैंने सीता जी को सान्त्वना नहीं दिया तो निःसन्देह ये सर्वथा अपने जीवन का परित्याग कर देंगी। यदि किसी कारणवश मैं सीता से न मिल सका तो मेरा सारा प्रयत्न निष्फल हो जायेगा। रामचन्द्र और सुग्रीव को सीता के यहाँ उपस्थित होने का समाचार देने से भी कोई लाभ नहीं होगा, क्योंकि इनकी दुःखद दशा को देखते हुये यह नहीं कहा जा सकता कि ये किस समय निराश हो कर अपने प्राण त्याग दें। इसलिये उचित यही होगा कि मैं सीता जी, जिनका चित्त अपने स्वामी में ही लगा हुआ है, को श्री राम के गुण गा-गाकर सुनाऊँ जिससे उन्हें मुझ पर विश्वास हो जाये।

इस प्रकार भली-भाँति विचार कर के हनुमान मन्द-मन्द मृदु स्वर में बोलने लगे, इक्ष्वाकुओं के कुल में परमप्रतापी, तेजस्वी, यशस्वी एवं धन-धान्य समृद्ध विशाल पृथ्वी के स्वामी चक्रवर्ती महाराज दशरथ हुये हैं। उनके ज्येष्ठ पुत्र उनसे भी अधिक तेजस्वी, परमपराक्रमी, धर्मपरायण, सर्वगुणसम्पन्न, अतीव दयानिधि श्री रामचन्द्र जी अपने पिता द्वारा की गई प्रतिज्ञा का पालन करने के लिये अपने छोटे भाई लक्ष्मण के साथ जो उतने ही वीर, पराक्रमी और भ्रातृभक्त हैं, चौदह वर्ष की वनवास की अवधि समाप्त करने के लिये

अनेक वनों में भ्रमण करते हुये चित्रकूट में आकर निवास करने लगे। उनके साथ उनकी परमप्रिय पत्नी महाराज जनक की लाड़ली सीता जी भी थीं।

वनों में ऋषि-मुनियों को सताने वाले राक्षसों का उन्होंने सँहार किया। लक्ष्मण ने जब दुराचारिणी शूर्पणखा के नाक-कान काट लिये तो उसका प्रतिशोध लेने के लिये उसके भाई खर-दूषण उनसे युद्ध करने के लिये आये जिनको रामचन्द्र जी ने मार गिराया और उस जनस्थान को राक्षसविहीन कर दिया। जब लंकापति रावण को खर-दूषण की मृत्यु का समाचार मिला तो वह अपने मित्र मारीच को ले कर छल से जानकी का हरण करने के लिये पहुँचा। मायावी मारीच ने एक स्वर्ण मृग का रूप धारण किया, जिसे देख कर जानकी जी मुग्ध हो गईं। उन्होंने राघवेन्द्र को प्रेरित कर के उस माया मृग को पकड़ कर या मार कर लाने के लिये भेजा। दुष्ट मारीच ने मरते-मरते राम के स्वर में हा सीते! हा लक्ष्मण! कहा था।

जानकी जी भ्रम में पड़ गईं और लक्ष्मण को राम की सुधि लेने के लिये भेजा। लक्ष्मण के जाते ही रावण ने छल से सीता का अपहरण कर लिया। लौट कर राम ने जब सीता को न पाया तो वे वन-वन घूम कर सीता की खोज करने लगे। मार्ग में वानरराज सुग्रीव से उनकी मित्रता हुई। सुग्रीव ने अपने लाखों वानरों को दसों दिशाओं में जानकी जी को खोजने के लिये भेजा. मुझे भी आपको खोजने का काम सौंपा गया। मैं चार सौ कोस चौड़े सागर को पार कर के यहाँ पहुँचा हूँ। श्री रामचन्द्र जी ने जानकी जी के रूप-रंग, आकृति, गुणों आदि का जैसे वर्णन किया था, उस शुभ गुणों वाली देवी को आज मैंने देख लिया है। इतना कह कर हनुमान चुप हो गये।

उनकी बातें सुनकर जनकनन्दिनी सीता को विस्मययुक्त प्रसन्नता हुई। जब उन्होंने ऊपर-नीचे तथा इधर-उधर दृष्टिपात किया तो शाखा के भीतर छिपे हुए, विद्युतपुञ्ज के सामन अत्यन्त पिंगल वर्ण वाले श्वेत वस्त्रधारी हनुमान जी पर उनकी दृष्टि पड़ी।

स्वयं पर सीता जी की दृष्टि पड़ते देख कर मूँगे के समान लाल मुख वाले महातेजस्वी पवनकुमार उस अशोक वृक्ष से नीचे उतर आये। माथे पर अञ्जलि बाँध सीता जी निकट आकर उन्होंने विनीतभाव से दीनतापूर्वक प्रणाम किया और मधुर वाणी में कहा, हे देवि! आप कौन हैं? आपका कोमल शरीर सुन्दर वस्त्राभूषणों से सुसज्जित होने योग्य होते हुये भी आप इस प्रकार का नीरस जीवन व्यतीत कर रही हैं। आपके अश्रु भरे नेत्रों से ज्ञात होता है कि आप अत्यन्त दुःखी हैं। आपको देख कर ऐसा प्रतीत होता है किस आप आकाशमण्डल से गिरी हुई रोहिणी हैं।

आपके शोक का क्या कारण है? कहीं आपका कोई प्रियजन स्वर्ग तो नहीं सिधार गया? कहीं आप जनकनन्दिनी सीता तो नहीं हैं जिन्हें लंकापति रावण जनस्थान से चुरा लाया है? जिस प्रकार आप बार-बार ठण्डी साँसें लेकर हा राम! हा राम! पुकारती हैं, उससे ऐसा अनुमान लगता है कि आप विदेहकुमारी जानकी ही हैं। यदि आप सीता जी ही हैं तो आपका कल्याण हो। आप मुझे सही-सही बताइये, क्या मेरा यह अनुमान सही है?

हनुमान का प्रश्न सुन कर सीता बोली, हे वानरराज! तुम्हारा अनुमान अक्षरशः सही है। मैं जनकपुरी के महाराज जनक की पुत्री, अयोध्या के चक्रवर्ती महाराज दशरथ की पुत्रवधू, तथा परमतेजस्वी धर्मात्मा श्री रामचन्द्र जी की पत्नी हूँ। जब श्री रामचन्द्र जी अपने पिता की आज्ञा से वन में निवास करने के लिये आये तो मैं भी उनके साथ वन में आ गई थी। वन से ही यह दुष्ट पापी रावण छलपूर्वक मेरा अपहरण करके मुझे यहाँ ले आया। वह मुझे निरन्तर यातनाएँ दे रहा है। आज भी वह मुझे दो मास की अवधि देकर गया है। यदि दो मास के अन्दर मेरे स्वामी ने मेरा उद्धार नहीं किया तो मैं अवश्य प्राण त्याग दूँगी। यही मेरे शोक का कारण है। अब तुम मुझे कुछ अपने विषय में बताओ।

9

पाठ : 9 हनुमान का सीता को मुद्रिका देना - सुन्दरकाण्ड

- पाठ : 9 हनुमान का सीता को मुद्रिका देना - सुन्दरकाण्ड

सीता के वचन सुनकर वानरशिरोमणि हनुमान जी ने उन्हें सान्त्वना देते हुए कहा, देवि! मैं श्री रामचन्द्र का दूत हनुमान हूँ और आपके लिये सन्देश लेकर आया हूँ। विदेहनन्दिनी! श्री रामचन्द्र और लक्ष्मण सकुशल हैं और उन्होंने आपका कुशल-समाचार पूछा है। रामचन्द्र जी केवल आपके वियोग में दुःखी और शोकाकुल रहते हैं। उन्होंने मेरे द्वारा आपके पास अपना कुशल समाचार भेजा है और तेजस्वी लक्ष्मण जी ने आपके चरणों में अपना अभिवादन कहलाया है।

पुरुषसिंह श्री राम और लक्ष्मण का समाचार सुनकर देवी सीता के सम्पूर्ण अंगों में हर्षजनित रोमाञ्च हो आया और उनका मुर्झाया हुआ हृदयकमल खिल उठा। विषादग्रस्त मुखमण्डल पर आशा की किरणें प्रदीप्त होने लगीं। इस अप्रत्याशित सुखद समाचार ने उनके मृतप्राय शरीर में नवजीवन का संचार किया।

तभी अकस्मात् सीता को ध्यान आया कि राम दूत कहने वाला यह वानर कहीं स्वयं मायावी रावण ही न हो। यह सोच कर वह वृक्ष की शाखा छोड़ कर पृथ्वी पर चुपचाप बैठ गईं और बोली, हे मायावी! तुम स्वयं रावण हो और मुझे छलने के लिये आये हो। इस प्रकार के छल प्रपंच तुम्हें शोभा नहीं देते और न उस रावण के लिये ही ऐसा करना उचित है। और यदि तुम स्वयं रावण हो तो तुम्हारे जैसे विद्वान, शास्त्रज्ञ पण्डित के लिये तो यह कदापि शोभा नहीं देता। एक बार सन्यासी के भेष में मेरा आपहरण किया, अब एक वानर के भेष में मेरे मन का भेद जानने के लिये आये हो। धिक्कार है तुम पर और तुम्हारे पाण्डित्य पर! यह कहते

हुये सीता शोकमग्न होकर ज़ोर ज़ोर से विलाप करने लगी।

सीता को अपने ऊपर सन्देह करते देख हनुमान को बहुत दुःख हुआ। वे बोले, देवि! आपको भ्रम हुआ है। मैं रावण या उसका गुप्तचर नहीं हूँ। मैं वास्तव में आपके प्राणेश्वर राघवेन्द्र का भेजा हुआ दूत हूँ। अपने मन से सब प्रकार के संशयों का निवारण करें और विश्वास करें कि मुझसे आपके विषय में सूचना पाकर श्री रामचन्द्र जी अवश्य दुरात्मा रावण का विनाश करके आपको इस कष्ट से मुक्ति दिलायेंगे। वह दिन दूर नहीं है जब रावण को अपने कुकर्मों का दण्ड मिलेगा और लक्ष्मण के तीक्ष्ण बाणों से लंकापुरी जल कर भस्मीभूत हो जायेगी। मैं वास्तव में श्री राम का दूत हूँ।

वे वन-वन में आपके वियोग में दुःखी होकर आपको खोजते फिर रहे हैं। मैं फिर कहता हूँ कि भरत के भ्राता श्री रामचन्द्र जी ने आपके पास अपना कुशल समाचार भेजा है और शत्रुघ्न के सहोदर भ्राता लक्ष्मण ने आपको अभिवादन कहलवाया है। हम सबके लिये यह बड़े आनन्द और सन्तोष की बात है कि राक्षसराज के फंदे में फँस कर भी आप जीवित हैं।

अब वह दिन दूर नहीं है जब आप पराक्रमी राम और लक्ष्मण को सुग्रीव की असंख्य वानर सेना के साथ लंकापुरी में देखेंगीं। वानरों के स्वामी सुग्रीव रामचन्द्र जी के परम मित्र हैं। मैं उन्हीं सुग्रीव का मन्त्री हनुमान हूँ, न कि रावण या उसका गुप्तचर, जैसा कि आप मुझे समझ रही हैं। जब रावण आपका हरण करके ला रहा था, उस समय जो वस्त्राभूषण आपने हमें देख कर फेंके थे, वे मैंने ही सँभाल कर रखे थे और मैंने ही उन्हें राघव को दिये थे। उन्हें देख कर रामचन्द्र जी वेदना से व्याकुल होकर विलाप करने लगे थे। अब भी वे आपके बिन [illegible]6; वन में उदास और उन्मत्त होकर घूमते रहते हैं। मैं उनके दुःख का वर्णन नहीं कर सकता।

हनुमान के इस विस्तृत कथन को सुन कर जानकी का सन्देह कुछ दूर हुआ, परन्तु अब भी वह उन पर पूर्णतया विश्वास नहीं कर पा रही थीं। वे बोलीं, हनुमान! तुम्हारी बात सुनकर एक मन कहता है कि तुम सच कह रहे हो, मुझे तुम्हारी बात पर विश्वास कर लेना चाहिये। परन्तु मायावी रावण के छल-प्रपंच को देख कर मैं पूर्णतया आश्वस्त नहीं हो पा रही हूँ। क्या किसी प्रकार तुम मेरे इस सन्देह को दूर कर सकते हो?

सीता जी के तर्कपूर्ण वचनों को सुन कर हनुमान ने कहा, हे महाभागे! इस मायावी कपटपूर्ण वातावरण में रहते हुये आपका गृदय शंकालु हो गया है, इसके लिये मैं आपको दोष नहीं दे सकता; परन्तु आपको यह विश्वास दिलाने के लिये कि मैं वास्तव में श्री रामचन्द्र जी का दूत हूँ आपको एक अकाट्य प्रमाण देता हूँ। रघुनाथ जी भी यह समझते थे कि सम्भव है कि आप मुझ पर विश्वास न करें, उन्होंने अपनी यह मुद्रिका दी है। इसे आप अवश्य पहचान लेंगी। यह कह कर हनुमान ने रामचन्द्र जी की वह मुद्रिका सीता को दे दी जिस पर राम का नाम अंकित था।

10

पाठ : 10 हनुमान का सीता को धैर्य बँधाना - सुन्दरकाण्ड

- पाठ : 10 हनुमान का सीता को धैर्य बँधाना - सुन्दरकाण्ड

पति के हाथ को सुशोभित करने वाली उस मुद्रिका को लेकर सीता जी उसे ध्यानपूर्वक देखने लगीं। उसे देखकर जानकी जी को इतनी प्रसन्नता हुई मानो स्वयं उनके पतिदेव ही उन्हें मिल गये हों। उनका लाल, सफेद और विशाल नेत्रों से युक्त मनोहर मुख हर्ष से खिल उठा, मानो चन्द्रमा राहु के ग्रण से मुक्त हो गया हो। पूर्णरूप से सन्तुष्ट हो कर वे हनुमान के साहसपूर्ण कार्य की सराहना करती हुई बोलीं, हे वानरश्रेष्ठ! तुम वास्तव में अत्यन्त चतुर, साहसी तथा पराक्रमी हो। जो कार्य सहस्त्रों मेधावी व्यक्ति मिल कर नहीं कर सकते, उसे तुमने अकेले कर दिखाया।

तुमने दोनों रघुवंशी भ्राताओं का कुशल समाचार सुना कर मुझ मृतप्राय को नवजीवन प्रदान किया है। हे पवनसुत! मैं समझती हूँ कि अभी मेरे दुःखों का अन्त होने में समय लगेगा। अन्यथा ऐसा क्या कारण है कि विश्वविजय का सामर्थ्य रखने वाले वे दोनों भ्राता अभी तक रावण को मारने में सफल नहीं हुये। कहीं ऐसा तो नहीं है कि दूर रहने के कारण राघवेन्द्र का मेरे प्रति प्रेम कम हो गया हो? अच्छा, यह बताओ क्या कभी अयोध्या से तीनों माताओं और मेरे दोनों देवरों का कुशल समाचार उन्हें प्राप्त होता है? क्या तेजस्वी भरत रावण का नाश करके मुझे छुड़ाने के लिये अयोध्या से सेना भेजेंगे? क्या मैं कभी अपनी आँखों से दुरात्मा रावण को राघव के बाणों से मरता देख सकूँगी? हे वीर! अयोध्या से वन के लिये चलते समय रामचन्द्र जी के मुख पर जो अटल आत्मविश्वास तथा धैर्य था, क्या अब भी वह वैसा ही है?

सीता के इन प्रश्नों को सुन कर हनुमान बोले, हे देवि! जब रघुनाथ जी को आपकी दशा की सूचना मुझसे प्राप्त होगी, तब वे बिना समय नष्ट किये वानरों और रिक्षों की विशाल सेना को लेकर लंकापति रावण पर आक्रमण करके उसकी इस स्वर्णपुरी को धूल में मिला देंगे और आपको इस बंधन से मुक्त करा के ले जायेंगे। आर्ये! आजकल वे आपके ध्यान में इतने निमग्न रहते हैं कि उन्हें अपने तन-बदन की भी सुधि नहीं रहती, खाना पीना तक भूल जाते हैं।

उनके मुख से दिन रात हा सीते! शब्द ही सुनाई देते हैं। आपके वियोग में वे रात को भी नहीं सो पाते। यदि कभी नींद आ भी जाय तो हा सीते! कहकर नींद में चौंक पड़ते हैं और इधर-उधर आपकी खोज करने लगते हैं। उनकी यह दशा हम लोगों से देखी नहीं जाती। हम उन्हें धैर्य बँधाने का प्रयास करते हैं, किन्तु हमें सफलता नहीं मिलती। उनकी पीड़ा बढ़ती जाती है।

अपने प्राणनाथ की दशा का यह करुण वर्णन सुनकर जानकी के नेत्रों से अविरल अश्रुधारा बह चली। वे बोलीं, हनुमान! तुमने जो यह कहा है कि वे मेरे अतिरिक्त किसी अन्य का ध्यान नहीं करते इससे तो मेरे स्त्री-हृदय को अपार शान्ति प्राप्त हुई है, किन्तु मेरे वियोग में तुमने उनकी जिस करुण दशा का चित्रण किया है, वह मुझे विषमिश्रित अमृत के समान लगा है और उससे मेरे हृदय को प्राणान्तक पीड़ा पहुँची है। वानरशिरोमणे! दैव के विधान को रोकना प्राणियों के वश की बात नहीं है। यह सब विधाता का विधान है जिसने हम दोनों को एक दूसरे के विरह में तड़पने के लिये छोड़ दिया है।

न जाने वह दिन कब आयेगा जब वे रावण का वध करके मुझ दुखिया को दर्शन देंगे? उनके वियोग में तड़पते हुये मुझे दस मास व्यतीत हो चुके हैं। यदि दो मास के अन्दर उन्होंने मेरा उद्धार नहीं किया तो दुष्ट रावण मुझे मृत्यु के घाट उतार देगा। वह बड़ा कामी तथा अत्याचारी है।

वह वासना में इतना अंधा हो रहा है कि वह किसी की अच्छी सलाह मानने को तैयार नही होता। उसी के भाई विभीषण की पुत्री कला मुझे बता रही थी किस उसके पिता विभषण ने रावण से अनेक बार अनुग्रह किया कि वह मुझे वापस मेरे पति के पास पहुँचा दे, परन्तु उसने उसकी एक न मानी। वह अब भी अपनी हठ पर अड़ा हुआ है। मुझे अब केवल राघव के पराक्रम पर ही विश्वास है, जिन्होंने अकेले ही खर-दूषण को उनके चौदह सहस्त्र युद्धकुशल सेनानियों सहित मार डाला था। देखें, अब वह घड़ी कब आती है जिसकी मैं व्याकुलता से प्रतीक्षा कर रही हूँ। यह कहते युये सीता अपने नेत्रों से आँसू बहाने लगी।

सीता को विलापयुक्त वचन को सुनकर हनुमान ने उन्हें धैर्य बँधाते हुये कहा, देवि! आप दुःखी न हों। मैं आपको विश्वास दिलाता हूँ कि मेरे पहुँचते ही प्रभु वानर सेना सहित लंका पर आक्रमण करके दुष्ट रावण का वध कर आपको मुक्त करा देंगे। मुझे तो यह लंकापति कोई असाधारण बलवान दिखाई नहीं देता। यदि आप आज्ञा दें तो मैं अभी इसी समय आपको अपनी पीठ पर बिठा कर लंका के परकोटे को फाँद कर विशाल सागर को लाँघता हुआ श्री

रामचन्द्र जी के पास पहुँचा दूँ। मैं चाहूँ तो इस सम्पूर्ण लंकापुरी को रावण तथा राक्षसों सहित उठा कर राघव के चरणों में ले जाकर पटक दूँ। इनमें से किसी भी राक्षस में इतनी सामर्थ्य नहीं है कि वह मेरे मार्ग में बाधा बन कर खड़ा हो सके।

11

पाठ : 11 हनुमान का विशाल रूप - सुन्दरकाण्ड

- पाठ : 11 हनुमान का विशाल रूप - सुन्दरकाण्ड

वानरश्रेष्ठ हनुमान के मुख से यह अद्भुत वचन सुनकर सीता जी ने विस्मयपूर्वक कहा, वानरयूथपति हनुमान! तुम्हारा शरीर तो छोटा है तुम इतनी दूरी वाले मार्ग पर मुझे कैसे ले जा सकोगे? तुम्हारे इस दुःसाहस को मैं वानरोचित चपलता ही समझती हूँ।

सीता का अपने प्रति अविश्वास हनुमान को अपना तिरस्कार सा लगा। फिर उन्होंने सोचा कि मेरी शक्ति और सामर्थ्य से अपरिचित होने के कारण ही ये ऐसा कह रही हैं अतः इन्हें यह दिखा देना ही उचित होगा कि मैं अपनी इच्छानुरूप रूप धारण कर सकता हूँ। ऐसा सोचकर वे बुद्धिमान कपिवर उस वृक्ष से नीचे कूद पड़े और सीता जी को विश्वास दिलाने के लिये बढ़ने लगे। क्षणमात्र में उनका शरीर मेरु पर्वत के समान ऊँचा हो गया।

वे प्रज्वलित अग्नि के समान तेजस्वी प्रतीत होने लगे। तत्पश्चात् पर्वत के समान विशालकाय, तामे के समान लाल मुख तथा वज्र के समान दाढ़ और नख वाले भयानक महाबली वानरवीर हनुमान विदेहनन्दिनी से बोले, देवि! मुझमें पर्वत, वन, अट्टालिका, चहारदीवारी और नगरद्वार सहित इस लंकापुरी को रावण के साथ ही उठा ले जाने की शक्ति है। अतः हे विदेहनन्दिनी! आपकी आशंका व्यर्थ है। देवि! आप मेरे साथ चलकर लक्ष्मण सहित श्री रघुनाथ जी का शोक दूर कीजिये।

हनुमान के आश्चर्यजनक रूप को विस्मय से देखती हुई सीता जी बोलीं, हे पवनसुत! तुम्हारी शक्ति और सामर्थ्य में अब मुझे किसी प्रकार की शंका नहीं रही है। तुम्हारी गति वायु के समान और तेज अग्नि के समान है। किन्तु मैं तुम्हारे प्रस्ताव को स्वीकार करने में असमर्थ हूँ। मैं अपनी इच्छा से अपने पति के अतिरिक्त किसी अन्य पुरुष के शरीर का स्पर्श नहीं कर सकती। मेरे जीवन में मेरे शरीर का स्पर्श केवल एक परपुरुष ने किया है और वह

दुष्ट रावण है जिसने मेरा हरण करते समय मुझे बलात् अपनी गोद में उठा लिया था। उसकी वेदना से मेरा शरीर आज तक जल रहा है। इसका प्रायश्चित तभी होगा जब राघव उस दुष्ट का वध करेंगे। इसी में मेरा प्रतिशोध और उनकी प्रतिष्ठा है।

जानकी के मुख से ऐसे युक्तियुक्त वचन सुन कर हनुमान का हृदय गद्-गद् हो गया। वे प्रसन्न होकर बोले, हे देवि! महान सती साध्वियों को शोभा देने वाले ऐसे शब्द आप जैसी परम पतिव्रता विदुषी ही कह सकती हैं। आपकी दशा का वर्णन मैं श्री रामचन्द्र जी से विस्तारपूर्वक करूँगा और उन्हें शीघ्र ही लंकापुरी पर आक्रमण करने के लिये प्रेरित करूँगा। अब आप मुझे कोई ऐसी निशानी दे दें जिसे मैं श्री रामचन्द्र जी को देकर आपके जीवित होने का विश्वास दिला सकूँ और उनके अधीर हृदय को धैर्य बँधा सकूँ।

हनुमान के कहने पर सीता जी ने अपना चूड़ामणि खोलकर उन्हें देते हुये कहा, यह चूड़ामणि तुम उन्हें दे देना। इसे देखते ही उन्हें मेरे साथ साथ मेरी माताजी और अयोध्यापति महाराज दशरथ का भी स्मरण हो आयेगा। वे इसे भली-भाँति पहचानते हैं। उन्हें मेरा कुशल समाचार देकर लक्ष्मण और वानरराज सुग्रीव को भी मेरी ओर से शुभकामनाएँ व्यक्त करना।

यहाँ मेरी जो दशा है और मेरे प्रति रावण तथा उसकी क्रूर दासियों का जो व्यवहार है, वह सब तुम अपनी आँखों से देख चुके हो, तुम समस्त विवरण रघुनाथ जी से कह देना। लक्ष्मण से कहना, मैंने तुम्हारे ऊपर अविश्वास करके जो तुम्हें अपने ज्येष्ठ भ्राता के पीछे कटुवचन कह कर भेजा था, उसका मुझे बहुत पश्चाताप है और आज मैं उसी मूर्खता का परिणाम भुगत रही हूँ। पवनसुत! और अधिक मैं क्या कहूँ, तुम स्वयं बुद्धिमान और चतुर हो। जैसा उचित प्रतीत हो वैसा कहना और करना।

जानकी के ऐसा कहने पर दोनों हाथ जोड़ कर हनुमान उनसे विदा लेकर चल दिये।

12

पाठ : 12 हनुमान राक्षस युद्ध - सुन्दरकाण्ड

- पाठ : 12 हनुमान राक्षस युद्ध - सुन्दरकाण्ड

सीता से विदा ले कर जब हनुमान चले तो वे सोचने लगे कि जानकी का पता तो मैंने लगा लिया, उनको रामचन्द्र जी का संदेश देने के अतिरिक्त उनसे भी राघव के लिये संदेश प्राप्त कर लिया। अब शत्रु की शक्ति का भी ज्ञात कर लेना चाहिये। राक्षसों के प्रति साम, दान और भेद नीति अपनाने से लाभ होना नहीं है अतः मुझे यहाँ दण्ड नीति अपनाने के लिये अपने पराक्रम का प्रदर्शन करना ही उचित जान पड़ता है।

ऐसा सोच कर उन्होंने अशोकवाटिका को विध्वंस करने का विचार किया जो रावण अत्यन्त प्रिय थी। उन्होंने विचार किया जब वह अपनी प्रिय वाटिका को उजड़ने का समाचार सुनेगा तो अवश्य क्रुद्ध होकर अपने वीर सैनिकों को मुझे पकड़ने या मारने के लिये भेजेगा। यह विचार आते ही वे वाटिका के सुन्दर वृक्षों को तोड़ने तथा उखाड़ने, जलाशयों को मथने और पर्वत-शिखरों को चूर-चूर करने लगे। थोड़ी ही देर में वाटिका ऐसे जान पड़ने लगी मानो वह दावानल से झुलस गई हो। सुन्दर सरोवरों के मणिमय स्फटिक घाटों टूटकर कर मलबे में परिवर्तित हो गये। वाटिका में बनी अट्टालिकाएँ भी उनके विध्वंसक हाथों से न बच सकीं। इस प्रकार उन्होंने अशोकवाटिका को शोकवाटिका बना दिया। सब पक्षी घोसलों से निकल कर आकाश में मँडराने लगे।

जो राक्षसियाँ रात भर सीता पर पहरा देते-देते सो गई थीं, वे भी अब इस शोर को सुन कर जाग गईं और उन्होंने चकित होकर अशोक वाटिका की दुर्दशा को देखा। वे दौड़ी हुईं रावण के पास जाकर बोलीं, हे राजन! अशोकवाटिका में एक भयंकर वानर घुस आया है। उसने सब वृक्षों को तोड़ कर तहस-नहस कर दिया है। सरोवर के घाटों तथा अट्टालिकाओं को भी तोड़ कर कूड़े का ढेर बना दिया है। जब हमने उसे भगाने का प्रयत्न किया तो वह हमारे ऊपर झपट

पड़ा। बड़ी कठिनाई से हम प्राण बचा कर आपके पास तक पहुँच पाई हैं। उस दुष्ट वानर ने तो जानकी के साथ भी न जाने क्या वार्तालाप किया है। हमें उससे बहुत भय लगता है। कहीं वह सीता को भी जान से न मार डाले।

यह समाचार सुन कर रावण प्रज्वलित चिता की भाँति क्रोध से जल उठा। उसकी भृकुटि धनुष की भाँति तन गई। उसने तत्काल अपने अनुचरों को आज्ञा दी कि उस दुष्ट वानर को पकड़ कर मेरे पास लाओ। रावण की आज्ञा मिलते ही अस्सी हजार राक्षस नाना प्रकार के अस्त्र-शस्त्र और लोहे की श्रृंखला लेकर उस उत्पाती वानर को पकड़ने के लिये चल पड़े।

विचित्र गदाओं, परिधों आदि से युक्त वे वेगवान राक्षस अशोकवाटिका के द्वार पर खड़े हुए वानरवीर हनुमान जी पर चारों ओर से इस प्रकार झपटे मानो पतंगे आग पर टूट पड़े हों। तब पर्वत के समान विशाल शरीर वाले तेजस्वी हनुमान ने उच्च स्वर में घोषणा की, महाबली श्री राम तथअ लक्ष्मण की जय हो। श्री राम के द्वारा सुरक्षित राजा सुग्रीव की भी जय हो। मैं महापराक्रमी कोसलनरेश श्री रामचन्द्र जी का दास हूँ। मेरा नाम हनुमान है। मैं वायु का पुत्र शत्रुओं का संहार करने वाला हूँ। तुम मेरे पराक्रम का सामना नहीं कर सकते। मैं लंकापुरी को तहस-नहस कर डालूँगा।

राक्षसों ने उन्हें चारों ओर से घेर लिया और उन पर बर्छे, भाले तथा पत्थर फेंकने लगे। यह देख कर क्रुद्ध हो हनुमान ने कुछ की लातों-घूँसों से पिटाई की और कुछ को अपने नाखूनों तथा दाँतों से चीर डाला। बड़े-बड़े योद्धा इस मार की ताव न लाकर क्षत-विक्षत होकर भूमि पर गिर पड़े। जो अधिक साहसी थे, वे प्राणों का मोह त्याग कर हनुमान पर टूट पड़े। तभी उन्होंने एक छलाँग लगाई और तोरण द्वार से एक लोहे की छड़ निकाल ली। फिर उस छड़ से उन्होंने वह मार काट मचाई कि बहुत से योद्धा तो वहीं खेत रहे और शेष प्राण बचा कर वहाँ से भाग कर रावण के पास पहुँचे।

जब रावण ने इन राक्षसों की ऐसी दशा देखी तो उसका क्रोध और भड़क उठा। उसने प्रहस्त के पुत्र जम्बुवाली को बुला कर कहा, हे वीरश्रेष्ठ! तुम जा कर उस वानर को पकड़ कर ले आओ। यदि वह जीवित न पकड़ा जा सके तो उसे मार डालो। मुझे तुम्हारे बल पर पूरा विश्वास है कि तुम इस कार्य को भली-भाँति कर सकते हो।

रावण की आज्ञा पाकर जम्बुवाली अस्त्र-शस्त्रों से सुसज्जित हो गधों के रथ पर सवार हो हनुमान से युद्ध करने के लिये चला। जब उसने उन्हें तोरण द्वार पर बैठे देखा तो वह दूर से ही उन पर तीक्ष्ण बाण चलाने लगा। जब कुछ बाण पवनपुत्र के शरीर को छेदने लगे तो उन्होंने पास पड़ी हुई एक पाषाणशिला को उखाड़ कर जम्बुवाली की ओर निशाना साधकर फेंका। उस विशाल शिला को अपनी ओर आते देख उस वीर राक्षस ने फुर्ती से दस बाण छोड़कर उसको चूर-चूर कर डाला। जब हनुमान ने उस शिला को इस प्रकार टूटते देखा तो उन्होंने तत्काल एक विशाल वृक्ष को उखाड़ कर राक्षसों पर आक्रमण किरना आरम्भ कर दिया जिससे बहुत से राक्षस मर कर और कुछ घायल होकर वहीं धराशायी हो गये।

अपने सैनिकों को इस प्रकार मरते देख जम्बुवाली ने एक साथ चार बाण छोड़ कर उसका वृक्ष काट डाला और फिर कस बाण छोड़कर हनुमान को घायल कर दिया। जब हनुमान के शरीर से रक्तधारा प्रवाहित होने लगी तो उन्हें बहुत क्रोध आया और वे एक राक्षस से लोहे का मूसल छीन कर जम्बुवाली पर उससे धड़ाधड़ आक्रमण करने लगे जससे उसके घोड़े मर गये, रथ चकनाचूर हो गया और वह स्वयं भी निष्प्राण होकर पृथ्वी पर जा पड़ा।

13

पाठ : 13 मेधनाद हनुमान युद्ध - सुन्दरकाण्ड

- पाठ : 13 मेधनाद हनुमान युद्ध - सुन्दरकाण्ड

जम्बुवाली के वध का समाचार पाकर निशाचरराज रावण को बहत क्रोध आया। उसने सात मन्त्रिपुत्रों को और पाँच बड़े-बड़े नायकों को बुला कर आज्ञा दी कि उस दुष्ट वानर को जीवित या मृत मेरे सम्मुख उपस्थित करो। राक्षसराज की आज्ञा पाते ही सातों मन्त्रिपुत्र और पाँच नायक नाना प्रकार के शस्त्रास्त्रों से सुसज्जित असंख्य राक्षस सुभटों की एक विशाल सेना लेकर हो अशोकवाटिका की ओर चल पड़े। इस शत्रु सेना को आते देख पवनपुत्र हनुमान ने किटकिटा कर बड़ी भयंकर गर्जना की। इस घनघोर गर्जन को सुनते ही अनेक सैनिक तो भय से ही मूर्छित हो पृथ्वी पर गिर पड़े।

अनेक के कानों के पर्दे फट गये। कुछ ने हनुमान का भयंकर रूप और मृत राक्षस वीरों से पटी भूमि को देखा तो उनका साहस छूट गया और वे मैदान से भाग खड़े हुये। अपनी सेना को इस प्रकार पलायन करते देख मन्त्रिपुत्रों ने हनुमान पर बाणों की बौछार आरम्भ कर दी। बाणों के आघात से बचने के लिये हनुमान आकाश में उड़ने और शत्रुओं को भ्रमित करने लगे। आकाश में उड़ते वानरवीर पर राक्षस सेनानायक ठीक से लक्ष्य नहीं साध पा रहे थे। इसके पश्चात् वे भयंकर गर्जना करते हुये राक्षस दल पर वज्र की भाँति टूट पड़े। कुछ को उन्होंने वृक्षों से मार-मार कर धराशायी किया और कुछ को लात-घूँसों, तीक्ष्ण नखों तथा दाँतों से क्षत-विक्षत कर डाला।

इस प्रकार उन्होंने जब सात मन्त्रिपुत्रों को यमलोक पहुँचा दिया तो विरूपाक्ष, यूपाक्ष, दुर्धर्ष, प्रघर्स और भासकर्ण नामक पाँचों नायक तीक्ष्ण बाणों से हनुमान पर आक्रमण करने लगे। जब दुर्धर्ष ने एक साथ पाँच विषैले बाण छोड़ कर उनके मस्तक को घायल कर दिया तो वे भयंकर गर्जना करते हुये आकाश में उड़े। दुर्धर्ष भी उनका अनुसरण करता हुआ आकाश

में उड़ा और वहाँ से उन पर बाणों की वर्षा करने लगा। यह देख कर दाँत किटकिटाते हुये पवनपुत्र दुर्धर्ष के ऊपर कूद पड़े।

इस अप्रत्याशित आघात को न सह पाने के कारण वह तीव्र वेग से पृथ्वी पर गिरा, उसका सिर फट गया और वह मर गया। दुर्धर्ष को इस प्रकार मार कर हनुमान ने एक साखू का वृक्ष उखाड़ कर ऐसी भयंकर मार-काट मचाई कि वे चारों नायक भी अपनी सेनाओं सहित धराशायी हो गये। कुछ राक्षस अपने प्राण बचा कर बेतहाशा दौड़ते हुये रावण के दरबार में पहुँच गये और वहाँ जाकर उसे सब योद्धाओं के मारे जाने का समाचार दिया।

जब रावण ने एक अकेले वानर के द्वारा इतने पराक्रमी नायकों तथा विशाल सेना के विनाश का समाचार सुना तो उसे बड़ा आश्चर्य और क्रोध हुआ। उसने अपने वीर पुत्र अक्षयकुमार को एक विशाल सेना के साथ अशोकवाटिका में भेजा। अक्षयकुमार ने हनुमान को दूर से देखते ही उन पर आक्रमण कर दिया। अवसर पाकर जब अंजनिपुत्र ने उसके समस्त अस्त्र-शस्त्रों को छीन कर तोड़ डाला तो अक्षयकुमार उनसे मल्लयुद्ध करने के लिये भिड़ गया। परन्तु वह हनुमान से पार न पा सका। हनुमान ने उसे पृथ्वी पर से इस प्रकार उठा लिया जिस प्रकार गरुड़ सर्प को उठा लेता है। फिर दोनों हाथों से बल लगा कर मसल डाला जिससे उसकी हड्डियाँ-पसलियाँ टूट गईं और वह चीत्कार करता हुआ यमलोक चला गया।

जब रावण ने अपने प्यारे पुत्र अक्षयकुमार की मृत्यु का समाचार सुना तो उसे बहुत दुःख हुआ। उसके क्रोध का अन्त न रहा। उसने अत्यन्त कुपित होकर अपने परमपराक्रमी पुत्र मेघनाद को बुला कर कहा, हे मेघनाद! तुमने घोर तपस्या करके ब्रह्मा से जो अमोघ अस्त्र प्राप्त किये हैं, उनके उपयोग का समय आ गया है। जाकर उस वानर को मृत्यु-दण्ड दो, जिसने तुम्हारे वीर भाई और बहुत से राक्षस योद्धाओं का वध किया है। पिता की आज्ञा पाकर परम पराक्रमी मेघनाद भयंकर गर्जना करता हुआ हनुमान से युद्ध करने के लिये चला।

जब तोरण द्वार पर बैठे हुये हनुमान ने रथ पर सवार होकर मेघनाद को अपनी ओर आते देखा तो उन्होंने भयंकर गर्जना से उसका स्वागत किया। इससे चिढ़ कर मेघनाद ने स्वर्णपंखयुक्त तथा वज्र के सदृश वेग वाले बाणों की उन पर वर्षा कर दी। इस बाण-वर्षा से बचने के लिये हनुमान पुनः आकाश में उड़ गये और पैंतरे बदल-बदल कर उसके लक्ष्य को व्यर्थ करने लगे। जब मेघनाद के सारे अमोघ अस्त्र लक्ष्य भ्रष्ट होकर व्यर्थ जाने लगे तो वह भारी चिन्ता में पड़ गया। फिर कुछ सोच कर उसने विपक्षी को बाँधने वाला ब्रह्मास्त्र छोड़ा और उससे हनुमान को बाँध लिया। फिर उन्हें घसीटता हुआ रावण के दरबार में पहुँचा।

14

पाठ : 14 रावण के दरबार में - सुन्दरकाण्ड

- पाठ : 14 रावण के दरबार में - सुन्दरकाण्ड

हनुमान रावण के भव्य दरबार को विश्लेषणात्मक दृष्टि से देखने लगे। रावण का ऐश्वर्य अद्‌भुत था। वे सोचने लगे, अद्‌भुत रूप और आश्चर्यजनक तेज का स्वामी राजोचित लक्षणों से युक्त में यदि प्रबल अधर्म न होता तो यह राक्षसराज इन्द्रसहित सम्पूर्ण देवलोक का संरक्षक हो सकता था। इसके लोकनिन्दित क्रूरतापूर्ण निष्ठुर कर्मों के कारण देवताओं और दानवों सहित सम्पूर्ण लोक इससे भयभीत रहते हैं।

समस्त लोकों को रुलाने वाला महाबाहु रावण भूरी आँखोंवाले हनुमान को समक्ष इस प्रकार निर्भय खड़ा देखकर रोष से भर गया और क्रुद्‌ध होकर अपने महामन्त्री प्रहस्त से बोला, अमात्य! इस दुरात्मा से पूछो कि यह कहाँ से आया है? इसे किसने भेजा है? सीता से यह क्यों वार्तालाप कर रहा था? अशोकवाटिका को इसने क्यों नष्ट किया? इसने किस उद्‌देश्य से राक्षसों को मारा? मेरी इस दुर्जेय पुरी में इसके आगमन का प्रयोजन क्या है?

रावण की आज्ञा पाकर प्रहस्त ने कहा, हे वानर! भयभीत मत होओ और धैर्य धारण करो। सही सही बता दो कि तुम्हें किसने यहाँ भेजा है? महाराज रावण की नगरी में कहीं तुम्हें इन्द्र ने तो नहीं भेजा है? कहीं तुम कुबेर, यह या वरुण के दूत तो नहीं हो? या विजय की अभिलाषा रखने वाले विष्णु ने तुम्हें दूत बना कर भेजा है? यदि तुम हमें सच सच बता दो कि तुम कौन हो तो हम तुम्हें क्षमा कर सकते हैं। यदि तुम मिथ्या भाषण करोगे तो तुम्हारा जीना असम्भव हो जायेगा।

प्रहस्त के इस प्रकार पूछने पर पवनपुत्र हनुमान ने निर्भय होकर राक्षसों के स्वामी रावण से कहा, हे राक्षसराज! मैं इन्द्र, यग, वरुण या कुबेर का दूत नहीं हूँ। न ही मुझे विष्णु ने यहाँ भेजा है। मैं राक्षसराज रावण से मिलने के उद्‌देश्य से यहाँ आया हूँ और इसी उद्‌देश्य के लिये

मैंने अशोकवाटिका को नष्ट किया है।

तुम्हरे बलवान राक्षस युद्ध की इच्छा से मेरे पास आये तो मैंने स्वरक्षा के लिये रणभूमि में उनका सामना किया। ब्रह्मा जी से मुझे वरदान प्राप्त है कि देवता और असुर कोई भी मुझे अस्त्र अथवा पाश से बाँध नहीं सकते। राक्षसराज के दर्शन के लिये ही मैंने अस्त्र से बँधना स्वीकार किया है। यद्यपि इस समय मैं अस्त्र से मुक्त हूँ तथापि इन राक्षसों ने मुझे बँधा समझकर ही यहाँ लाकर तुम्हें सौंपा है। मैं श्री रामचन्द्र जी का दूत हूँ और उनके ही कार्य से यहाँ आया हूँ।

शान्तभाव से हनुमान ने आगे कहा, मैं किष्किन्धा के परम पराक्रमी नरेश सुग्रीव का दूत हूँ। उन्हीं की आज्ञा से तुम्हारे पास आया हूँ। हमारे महाराज ने तुम्हारा कुशल समाचार पूछा है और कहा है कि तुमने नीतिवान, धर्म, चारों वेदों के ज्ञाता, महापण्डीत, तपस्वी और महान ऐश्वर्यवान होते हुए भी एक परस्त्री को हठात् अपने यहाँ रोक रखा है, यह तुम्हारे लिये उचित बात नहीं है। तुमने यह दुष्कर्म करके अपनी मृत्यु का आह्वान किया है।

उन्होंने यह भी कहा है कि लक्ष्मण के कराल बाणों के सम्मुख बड़े से बड़ा पराक्रमी भी नहीं ठहर सकता, फिर तुम उससे अपने प्राणों की रक्षा कैसे कर सकोगे? इसलिये तुम्हारे लिये उचित होगा कि तुम सीता को श्री रामचन्द्र को लौटा दो और उनसे क्षमा माँगो। यदि तुम ऐसा नहीं करोगे तो तुम्हारा अन्त भी वही होगा जो खर, दूषण और वालि का हुआ है।

हनुमान के ये नीतियुक्त वचन सुनकर रावण का सर्वांग क्रोध से जल उठा। उसने अपने सेवकों को आज्ञा दी, इस वानर का वध कर डालो।

रावण की आज्ञा सुनकर वहाँ उपस्थित विभीषण ने कहा, राक्षसराज! आप धर्म के ज्ञाता और राजधर्म के विशेषज्ञ हैं। दूत के वध से आपके पाण्डित्य पर कलंक लग जायेगा। अतः उचित-अनुचित का विचार करके दूत के योग्य किसी अन्य दण्ड का विधान कीजिये।

विभीषण के वचन सुनकर रावण ने कहा, शत्रुसूदन! पापियों का वध करने में पाप नहीं है। इस वानर ने वाटिका का विध्वंस तथा राक्षसों का वध करके पाप किया है। अतः मैं अवश्य ही इसका वध करूँगा।

रावण के वचन सुनकर उसके भाई विभीषण ने विनीत स्वर में कहा, हे लंकापति! जब यह वानर स्वयं को दूत बताता है तो नीति तथा धर्म के अनुसार इसका वध करना अनुचित होगा क्योंकि दूत दूसरों का दिया हुआ सन्देश सुनाता है। वह जो कुछ कहता है, वह उसकी अपनी बात नहीं होती, इसलिये वह अवध्य होता है।

विभीषण की बात पर विचार करने के पश्चात् रावण ने कहा, तुम्हारा यह कथन सत्य है कि दूत अवध्य होता है, परन्तु इसने अशोकवाटिका का विध्वंस किया है इसलिये इसे दण्ड मिलना चाहिये। वानरों को अपनी पूँछ बहुत प्यारी होती है। अतः मैं आज्ञा देता हूँ कि इसकी पूँछ रुई और तेल लगाकर जला दी जाये ताकि इसे बिना पूँछ का देखकर लोग इसकी हँसी उड़ायें और यह जीवन भर अपने कर्मों पर पछताता रहे।

रावण की आज्ञा पाते ही राक्षसों ने हनुमान की पूँछ को रुई और पुराने कपड़ों से लपेटकर उस पर बहुत सा तेल डालकर आग लगा दी। अपने पूँछ को जलते देख हनुमान को बहुत क्रोध आया। सबसे पहले तो उन्होंने रुई लपेटने और आग लगाने वाले राक्षसों को जलती पूँछ से मार मार कर पृथ्वी पर सुला दिया। वे जलते-चीखते-चिल्लाते वहाँ से अपने प्राण लेकर भागे। कुछ राक्षस उनका अपमान करने के लिये उन्हें बाजारों में घुमाने के लिये ले चले।

उस दृश्य को देखने के लिये बाजारों में राक्षसों की और घरों के छज्जों तथा खिड़कियों पर स्त्रियों की भीड़ जमा हो गई। मूर्ख राक्षस उन्हें अपमानित करने के लिये उन पर कंकड़ पत्थर फेंकने तथा अपशब्द कहने लगे। इस अपमान से क्रुद्ध होकर स्वाभिमानी पवनसुत एक ही झटके से सारे बन्धनों को तोड़कर नगर के ऊँचे फाटक पर चढ़ गये और लोहे का एक बड़ा सा चक्का उठाकर अपमान करने वाले राक्षसों पर टूट पड़े। इससे चारों ओर भगदड़ मच गई।

15

पाठ : 15 लंका दहन - सुन्दरकाण्ड

- पाठ : 15 लंका दहन - सुन्दरकाण्ड

राक्षसों की भीड़ भयभीत होकर भाग गई। हनुमान जी के समस्त मनोरथ पूर्ण हो गये थे। वे विचार करने लगे कि मैंने अशोकवाटिका को नष्ट कर दिया, बड़े-बड़े राक्षसों का भी मैने वध कर डाला और रावण की काफी बड़ी सेना का सँहार भी कर दिया। तो फिर लंका के इस दुर्ग को भी क्यों न ध्वस्त कर दूँ। ऐसा करने से समुद्र-लंघन का मेरा परिश्रम पूर्णतः सफल हो जायेगा। मेरी पूँछ में जो ये अग्निदेव देदीप्यमान हो रहे हैं, इन्हें इन श्रेष्ठ गृहों की आहुत देकर तृप्त करना ही न्यायसंगत जान पड़ता है।

ऐसा सोचकर वे जलती हुई पूँछ के साथ लंका की ऊँची-ऊँची अट्टालिकाओं पर चढ़ गये और विचरण करने लगे। घूमते-घूमते वायु के समान बलवान और महान वेगशाली हनुमान उछलकर प्रहस्त के महल पर जा पहुँचे और उसमें आग लगा कर महापार्श्व के घर पर कूद गये तथा उसमें भी कालाग्नि की ज्वाला को फैला दिया। तत्पश्चात महातेजस्वी महाकपि ने क्रमशः वज्रदंष्ट्र, शुक, सारण, मेघनाद, जम्बुवाली, सुमाली, शोणिताक्ष, कुम्भकर्ण, नरान्तक, यज्ञ-शत्रु, ब्रह्मशत्रु आदि प्रमुख राक्षसों के भवनों को अग्नि की भेंट चढ़ा दिया।

इनसे निवृत होकर वे स्वयं रावण के प्रासाद पर कूद पड़े। उसके प्रमुख भवन को जलाने के पश्चात् वे बड़े उच्च स्वर से गर्जना करने लगे। उसी समय प्रलयंकर आँधी चल पड़ी जिसने आग की लपटों को दूर-दूर तक फैला कर भवनों के अधजले भागों को भी जला डाला। लंका की इस भयंकर दुर्दशा से सारे नगर में हृदय-विदारक हाहाकार मच गया। बड़ी-बड़ी अट्टालिकाएं भारी विस्फोट करती हुई धराशायी होने लगीं।

स्वर्ण निर्मित लंकापुरी के जल जाने से उसका स्वर्ण पिघल-पिघल कर सड़कों पर बहने लगा। सहस्त्रों राक्षस और उनकी पत्नियाँ हाहाकार करती हुई इधर-उधर दौड़ने लगीं।

आकाशमण्डल अग्नि के प्रकाश से जगमगा उठा। उसमें रक्त एवं कृष्णवर्ण धुआँ भर गया जिसमें से फुलझड़ियों की भाँति चिनगारियाँ छूटने लगीं। इस भयंकर ज्वाला में सहस्त्रों राक्षस जल गये और उनके जले-अधजले शरीरों से भयंकर दुर्गन्ध फैलने लगी। सम्पूर्ण लंकापुरी में केवल एक भवन ऐसा था जो अग्नि के प्रकोप से सुरक्षित था और वह था नीतिवान विभीषण का प्रासाद।

लंका को भस्मीभूत करने के पश्चात् वे पुनः अशोकवाटिका में सीता के पास पहुँचे। उन्हें सादर प्रणाम करके बोले, हे माता! अब मैं यहाँ से श्री रामचन्द्र जी के पास लौट रहा हूँ। रावण को और लंकावासियियों को मैंने राघव की शक्ति का थोड़ा सा आभास करा दिया है। अब आप निर्भय होकर रहें।

अब शीघ्र ही रामचन्द्र जी वानर सेना के साथ लंका पर आक्रमण करेंगे और रावण को मार कर आपको अपने साथ ले जायेंगे। अब मुझे आज्ञा दें ताकि मैं लौट कर आपका शुभ संदेश श्री रामचन्द्र जी को सुनाऊँ जिससे वे आपको छुड़ाने की व्यवस्था करें। यह कह कर और सीता जी को धैर्य बँधाकर हनुमान अपने कटक की ओर चल पड़े।

जनकनन्दिनी से विदा लेकर तीव्रवेग से विशाल सागर को पार करते हुये हनुमान वापस सागर के उस तट पर पहुँचे जहाँ असंख्य वानर जाम्बवन्त के और अंगद के साथ उनकी प्रतीक्षा में आँखें बिछाये बैठे थे।

अपने साथियों को देख कर हनुमान ने आकाश में ही भयंकर गर्जना की जिसे सुन कर जाम्बवन्त ने प्रसन्नतापूर्वक कहा, मित्रों! हनुमान की इस गर्जना से प्रतीत होता है कि वे अपने उद्देश्य में सफल होकर लौटे हैं। इसलिये हमें खड़े होकर हर्षध्वनि के साथ उनका स्वागत करना चाहिये। उन्होंने हमें यह सौभाग्य प्रदान किया है कि हम लौट कर रामचन्द्र जी और वानरराज सुग्रीव को अपना मुख दिखा सकें। इतने में ही हनुमान ने वहाँ पहुँच कर सबका अभिवादन किया और लंका का समाचार कह सुनाया।

जब सब वानरों ने सीता से हुई भेंट का समाचार सुना तो उनके हृदय प्रसन्नता से भर उठा और वे श्री रामचन्द्र तथा पवनसुत की जयजयकार से वातावरण को गुँजायमान लगे। इसके पश्चात् वे लोग हनुमान को आगे करके सुग्रीव के निवास स्थान प्रस्रवण पर्वत की ओर चले। मार्ग में वे मधुवन नामक वाटिका में पहुँचे जिसकी रक्षा का भार सुग्रीव के मामा दधिमुख पर था।

इस वाटिका के फल अत्यन्त स्वादिष्ट थे और उनका उपयोग केवल राजपरिवार के लिये सीमित था। अंगद ने सब वानरों को आज्ञा दी कि वे जी भर कर इन स्वादिष्ट फलों का उपयोग करें। आज्ञा पाते ही सब वानर उन फलों पर इस प्रकार टूट पड़े जैसे लूट का माल हो। अपनी क्षुधा निवारण कर फिर कुछ देर आराम कर वे सब सुग्रीव के पास पहुँचे और उनसे सारा वृतान्त कहा।

16

पाठ :16 सीता का संदेश देना - सुन्दरकाण्ड

- पाठ :16 सीता का संदेश देना - सुन्दरकाण्ड

समस्त वृतान्त सुनने के पश्चात् सुग्रीव सभी आगत वानरों सहित विचित्र कानों से सुशोभित प्रस्रवण पर्वत पर श्री रामचन्द्र जी के पास गये। करबद्ध हनुमान ने रामचन्द्र जी को सीता जी का समाचार देते हुए विनयपूर्वक कहा, प्रभो! रावण ने जानकी जी को क्रूर राक्षसियों के पहरे में रख छोड़ा है जो उन्हें नित्य नई-नई विधियों से त्रास देती हैं और उनका अपमान करती हैं। यह सब कुछ मैंने स्वयं देखा है। वे केवल आपके दर्शनों की आशा पर ही जीवित रह कर यह दुःख और अपमान सहन कर रही हैं। उधर रावण निरन्तर उनके पीछे पड़ा हुआ है। वे अपने सतीत्व की रक्षा के लिये सदा भयभीत रहती हैं।

इतना कह कर हनुमान ने सीता के द्वारा दी गई दिव्य चूड़ामणि श्री रामचन्द्र जी को देते हुये कहा, नाथ! मैंने उन्हें आपका संदेश सुना कर आपकी मुद्रिका दे दी थी। उन्होंने यह अपनी निशानी आपको देने के लिये दी है।

सीता का संदेश पाकर श्री राम अत्यन्त प्रसन्न हुये और उन्होंने उठ कर पवनसुत को अपने हृदय से लगा लिया। वे बोले, हे अंजनीकुमार! सीता का संदेश मुझे विस्तारपूर्वक सुनाओ। उसे सुनने के लिये मेरा हृदय व्याकुल हो रहा है।

राम का आदेश पाकर हनुमान कहने लगे, हे राघव! वे दिन-रात आपका ही स्मरण करती रहती हैं। उनके नेत्रों के समक्ष केवल आपकी छवि रहती है। उन्होंने सन्देश भेजा है कि रावण ने मुझे दो मास की अवधि दी है। इस अवधि में आप मुझे उसके हाथों से अवश्य मुक्त करा लें। यदि इन दो मासों में आप मुझे मुक्त न करा सके तो मैं अपने प्राण त्याग दूँगी। आप तीनों लोकों को जीतने की सामर्थ्य रखते हैं और आपकी अपूर्व क्षमता में मुझे अटल विश्वास है। रावण को परास्त करना आपके लिये कोई कठिन काम नहीं है। अतएव शीघ्र आकर इस

दासी को बन्धन से मुक्त कराइये।

पवनसुत की बात सुनकर तथा उस दिव्य चूड़ामणि को देख कर श्री रामचन्द्र शोकसागर में डूब गये और उनके नेत्रों से अश्रुधारा प्रवाहित हो चली। फिर कुछ संयम रख कर वे सुग्रीव से बोले, हे वानराधिपति! जिस प्रकार दिन भर की बिछुड़ी हुई कपिला गौ अपने बछड़े की आहट पाकर उससे मिलने के लिया आकुल हो जाती है, उसी प्रकार इस दिव्य मणि को पाकर मेरा मन सीता से मिलने के लिये अधीर हो उठा है।

उसकी कष्ट की गाथाओं को सुनकर मेरा हृदय और भी विचलित हो गया है। मुझे विश्वास है कि यदि सीता एक मास भी रावण से अपनी रक्षा करती हुई जीवित रह सकी तो मैं उसे अवश्य बचा लूँगा। मैं उसके बिना अधिक दिन तक जीवित नहीं रह सकता। तुम मुझे शीघ्र लंका ले चलने की व्यवस्था करो। अपनी सेना को तत्काल तैयार होने की आज्ञा दो। अब मेरे बाण रावण के प्राण लेने के लिये तरकस में अकुला रहे हैं। अब वह दिन दूर नहीं हैं जब जानकी और सारा संसार रावण को सपरिवार मेरे बाणों के रथ पर बैठ कर यमलोक को जाता देखेंगे।

॥वाल्मीकि रामायण सुन्दरकाण्ड समाप्त॥

Printed by Libri Plureos GmbH in Hamburg,
Germany

9 798885 690485